世图双美亲子系列

影响孩子一生的 43种教养方式

钱源伟 主编

世界图书出版公司

上海·西安·北京·广州

主 编

钱源伟

编委会

张 征 郑乐平 彦 秋 洋 洋

为了中国美好的未来（代总序）

preface

为了从整体上提升中国年轻家长，乃至转变整个社会中祖辈们流传下来的育儿理念，世界图书出版上海有限公司与上海双美教育机构联合业内外学前教育研究者，拟陆续选辑出版多种亲子读物以飨读者。

近年来，对新生儿成长的关注越来越多了，年轻父母与祖辈们的殷切之情亦愈加浓郁了，"赢在起点"的竞争格局左右着当前中国众多家庭望子成龙、望女成凤的焦虑心态，开发婴幼儿潜能的图书应运而生可谓琳琅满目，那么到底该怎么看待与理解婴幼儿的成长与烦恼，怎么养成孩子健康阳光的性格，怎么针对每个孩子的差异有的放矢地因势利导，怎么看待那些经常失败的孩子，诸如此类问题也随之凸显出来。

本丛书既有国际学前教育领域公认的历久不衰的权威之作，也有密切结合近年亲子早教现象，中国家长心态调适的实际操作手册，还有理论联系实践的指导用书，境外热销的游戏类、阅读类辅助读物。考虑到不同类型、不同层次读者的需求，选辑尽可能满足各取所需的愿望；同时使希望掌控完整育儿信息的家庭能获得一个整体的系列培养概念与操作方略。

本次选入第一辑的图书共5本。《儿童成长的密码》，是一本探讨世界最先进的儿童教育理念的力作，幼教泰斗玛利亚·蒙台梭利博士揭开儿童世界的神秘面纱,解读儿童成长发育的密码。通过对儿童生理和心理特征的深入分析,她认为,儿童的成长过程是独特的并且是奇妙的,她提出了"敏感期"的概念,且具体探讨了儿童在智力、情感、秩序感、节奏感、行走、工作、观察等方面的不同特点。

蒙台梭利教育思想也有一些偏颇之处,在当今国际盛行的蒙台梭利教学实验中有不少改良与反思,这在我们以后选辑的专著中会有体现。在中国目前多地展开的蒙氏教学班,其贯彻蒙氏理念的各种做法到底怎么考量,是否真正掌握了蒙氏教学的真谛,相信这本书可以给读者指点迷津,做出自己的判断。

本次选辑的另外四本书带有针对当前亲子教育误区的具体指导。《好性格养成78招》《影响孩子一生的43种教养方式》,强调了人格陶冶、性格养成乃人生重要奠基。这对于不少家庭仅仅重视知识灌输、技能训练,所谓提前去做原本应该在小学阶段重点去做的那些事情是否恰当是一种诚恳有益的提醒。

《培养不怕失败孩子的51个策略》更具有尖锐的针对性,当前最悲哀的是中国许多家庭希望培养出"必须永远赢"的孩子,这个可怕的欲念将会对未来投下最严重的阴影。本书确实能帮助家长调整视角,以正常心态从容健康地面对未来。

《妈妈应该为上小学孩子做的50件事》则全方位提示家长如何全面做好小学入学前准备。仅仅为了满足家长们进入若干趋之若鹜的名校的愿望,必定会伤害到更多的无辜学童,他们心理笼罩的阴影谁来驱散。其实,现在已经殃及不少孩子了,尤其是心理成熟较晚些的男孩。傍晚与周末，他们愁眉苦脸地跟着发狂的家长紧赶慢赶地参加一个又一个培训速成班；每当入学招生之际，他们又疲于奔命地连续穿梭奔波于一所所名校之间面谈。

养孩子还是毁孩子？本套丛书将展现并与大家分享亲子教育新理念。

第一方面，从广义上说，亲子教育就是家庭教育。亲子关系是以血缘为纽带，不以人的意志为转移的客观存在，出现最早和持续最久的一种社会关系。它具有自然性、不可替代性和发展性，在孩子从自然人向社会人过渡的过程中具有重要的教育影响。只要有家长和子女角色存在，就必然会出现亲子教育。家庭亲子教育是独立存在的一种独特形态，不可能为所有家庭外的早期教育所覆盖，所替代。

婴幼儿早期的亲子情感体验十分重要，其重要程度甚至高于智力开发，是人生未来走向的人格奠基。父母、隔代亲属的很多行为特征，是给孩子的暗示、榜样，会对孩子产生潜移默化的陶冶、终身的影响。

早期教育应当从容、淡泊、愉悦，而不是焦虑、功利、痛苦。

婴幼儿的人生奠基是渐进的、日积月累才能积淀的，是一种通过潜移默化、感染、陶冶、体验，不经意间渗透而形成的，这是一个巧妙艺术处理养成规矩与鼓励自由之间关系的国际性高难度教育问题。

为了让孩子在人生的道路上走得更远、更高、更出色，我们现在千万不要急功近利。我们要让孩子走得慢一点，稳一点，充分感受到成长的快乐，从容地吸取那些幼儿时代应该得到的属于终身发展必备的素养。我们更要去掉许多知识功利化、小学程式化的东西，要理解现在的"快慢"与将来孩子们走得"远近""高低"之间的辩证关系，明白进退得失与多少的关系，把握主流的价值取向，真正是为了让每一个儿童能在学前教育阶段，获得终身可持续发展的能力，并由此对教师、家长都有一个正确的导向。

我们提倡慢养。人生旅程是一场马拉松跑步，不在乎起步早晚快慢，重要的是养成良好习惯、性格。全面辩证地做到慢跑与逐渐积累，享受与适度负担，引导与养成规矩，多元与鼓励自由，尊重与自主选择，欢乐与抛弃功利的统一。

反观当前中国若干家庭的教养理念及其可能的结果，还是长辈居高临下的全面设计安排，其导致的后果是过度的期望导致无望；过度的溺爱导致无情；过度的包办导致无能；过度的攀比导致无奈；过度的干涉导致无措。

早期启蒙要注意度的把握，应科学、合理、适宜地开发，而非过早透支孩子身心发展的现实基础。要充分尊重每个孩子的差异性，使得每个孩子能够自信地走向未来。科学育儿的核心观点是把握合适的度，来处理规矩与自由的关系。即适度、适当、适合、适宜、适意。

童年教育要多彩多姿，这样才有利于人格发展、人生发展充满情趣。让我们以撒切尔夫人童年教育的两重性为例来得出一些结论。

1. 早期亲子关系中，父母无形、有形的引导是关键因素，谁的影响力大，谁就将起主导作用；

2. 童年单色调或多色调的生活教育会影响到其一生发展的主要轨迹；

3. 成功的独白：一个政治领域的强者需要铁娘子那种斩钉截铁、说一不二、雷厉风行的决策执行能力与风格；

4. 遗憾的反省：晚年生活凄凉孤独缘于早期教育带来的人格、人生教育的单一性，人格本来是多采的，充满生活情趣的，是要与外界有充分多元交往的，撒切尔夫人没有。她只有坚强、执著、一往无前的政治激情，而缺乏多彩生活的情趣。

孩子应不应该成为父母的梦想实现者？我们主张：要顺其自然，不要刻意铸就；要尊重选择，不要一意替代；要循循善诱，不要过分攀比；要悉心观察，不要胡乱指责；要收放自如，不要管头管脚；要扶持帮助，不要呵斥埋怨。

孩子是独立的生命个体，理应有自我的尊严与选择。童年亲子教育讲究在养成规矩中充分鼓励自由，孩子的未来才会充满阳光，才能形成完善的独立、独特的人格。完整的人生、人格教育，要注重人生目标、人生态度、人生价值、人生色彩的和谐平衡；人生目标，要追求理想信念；人生态度，要践行认真、朴实、亲和、友善；人生价值，充分展现平淡与轰轰烈烈的融和；人生色彩，要具有个性化魅力的主旋律表现，给人积极、阳光、向上的风采。一个人到世界上来走一回，能对社会、别人，对整个世界做点贡献，留点启示，是最理想的了。同时，有质量的生活十分重要，从童年到老年，高质量生活指的是有内涵、有亲情、有情趣、有规律、有人格尊严的轻松自如、高效高能、悠然休闲的生活。撒切尔夫人童年教育两重性的启示意味深长。

第二方面，我们提倡从出生开始启动全脑开发。根据脑科学研究的前沿成果，尽可能多地激发婴幼儿的潜质，0~6岁要有科学育儿的关键措施。3岁以前是人大脑发育最快的时期。出生时脑重量为370克，此后第一年内脑重量增长速度是最快的，6个月时为出生时的2倍，占成人脑重量的50%，而孩子体重要到10岁才达到成人的50%。到3岁时，孩子脑重已接近成人的脑重范围，以后发育速度变慢，可见0~3岁孩子大脑发育大大超过了身体发育的速度。个体的学习能力，50%在0~4岁形成，30%在4~8岁形成。大脑的发育，刚出生比15岁时快约1 000倍。婴儿大脑发育的最新发现：基因提供的是父母遗传奠定的大脑神经细胞分布模板，而孩子自身经验使得神经细胞连接起来，这叫作突触连接。婴儿出生时的突触连接只有成年人的1/10，达50万亿个；到3岁时，孩子的突触连接达到成年人的2倍，估计有1 000万亿个；到14岁时，孩子的突触连接回落到成年人常态水平，存500万亿个。基因为你的宝宝的大脑结构构造了一幅蓝图，而早期的经验决定了你的宝宝大脑潜力被开发的程度。一个突触被使用的机会越多，它就越有可能成为大脑永久结构的一部分。

认知发展神经学家黛布拉·米尔斯指出，早期经历影响神经连接的精确调整，而神经连接最终形成大脑内许多不同认知功能的回路。基因预置了潜能，而经验决定这一潜能在多大程度上能成为现实。早期经验越丰富，大脑效率将越高。早期经历越有意义，越有连续性、趣味性，大脑发育越精妙。

我们再来看孩子学习语言的新发现。父母为孩子塑造的语言环境丰富性大不一样，有的家庭谈话时使用的词汇量竟10倍于其他家庭，包括：① 父母对孩子直接谈话的数量；② 对孩子说话的方式；③ 说话时使用的声调。这种早期语言环境、经历情景的丰富性会对孩子的终身发展带来巨大而持久的影响。

再看看孩子学习阅读的新发现。早期阅读对日后阅读产生的积极影响，包括说话、朗读的区别；音素意识、音调语调感受、声态差异；达到通过合适的语量，强调语感与语境的创设，提升语言能力。早期阅读奠定了阅读量、阅读习惯，提升了全面的人文素养与科学素养，对终身发展、职业选择有强烈持久影响。

所有的孩子生来都是天才，但是我们的不经意却在他们生命最初的6年磨钝了他们的天资。所以给你的宝宝提供一个丰富多彩的环境，形式多样的沟通交流，温馨可爱的情意空间将价值无限。

0~6岁的发育成长奠定了一生轨迹的基础。婴儿爬行有极端重要性。每个孩子遵循快速有效学习—长期潜能—U形学习的模式。要帮助宝宝学习，创设一个丰富多彩的学习环境；鼓励宝宝探险，让宝宝始终保持高昂的兴致；重视宝宝取得的每一小点成绩；做一个好榜样，反复示范新动作、技巧；为宝宝提供一个温馨亲切的语言环境；不要动辄与别人孩子比较。

大脑活动、个性、性格的拟合优度十分关键，你为婴儿所提供的各种经验将在很大程度上决定他们在情感、智力上如何面对世界。学会理解孩子所发出的信息；善用、勤用安慰；改进带孩子的技巧；把活动与情感联系起来；形成习惯。

我们提倡建立良好的亲子关系。① 使得父母的角色更适合婴幼儿的情感特征；② 营造乐趣的氛围；③ 丰富你的面部表情；④ 增进与孩子的沟通交流；⑤ 让你的孩子爱别人；⑥ 高质量的婴儿护理。使得每个孩子能够轻松快乐地感受、体验、成长。

在这篇总序中，我们为家长展现了极为诚恳的亲子教育信息，在以后的选辑中还会做深度解读。

　　每个家庭都履行着爱和学习的美好意念，创建温馨读书的家庭乐园，使之成为持之以恒的生活习惯。成人的爱、学习、读书是孩子的榜样，重在浓郁真诚的互动，使之成为整个家庭的生活主旋律，成为一种人生的态度、一种充实的生活方式、一种温馨愉悦的家庭享受。那么，您的孩子必定能成长为一个将来能与世界平等对话的人。

钱源伟

2015 年 1 月 18 日

目 录

contents

Part 1

第一章
父母是孩子学习的榜样

每一个小生命的诞生，都伴随着父母美好的期望。每一个孩子的成长，都承载着父母的梦想与希望。让孩子拥有一个美好的未来，成为父母努力的源动力。为孩子创造良好的生活环境和学习条件，成为父母奋斗的目标。

可是，成就孩子美好的未来，父母的责任就是为孩子创造更好的生活环境与学习条件吗？大家都很清楚，这些物质上的满足，对孩子的未来并不能起到太大的帮助。只有父母为孩子树立起好榜样，做出好示范，才能使孩子终身受益。

父母，是孩子的第一任老师。父母的言行犹如画家手中的画笔，在孩子洁白如纸的心灵上，绘下一幅幅意义重大的图画，影响着孩子的未来。科学家钱三强曾说，从他有记忆起，就看见父亲经常在晚上就着一对白蜡烛看书、编讲义、写文章，直到深夜。他疑惑地问父亲："爸爸，这么晚你为什么还不睡觉呢？"父亲说："夜深人静正是读书、写文章的最好时候啊！"父亲勤奋工作的身影自此扎根在钱三强的心底，随着他的长大，也逐渐发芽开花，成为他鞭策与激励自己的最佳榜样。

福禄贝尔说："教育无他，爱和榜样而已。"相信天下的父母都会为了自己的孩子倾注所有的爱。遗憾的是，又有多少父母意识到，孩子美好的未来与自己树立的榜样息息相关呢？又有多少父母明白，唯有自己才是帮助孩子迈向成功之门的带路人呢？亲爱的父母，从现在开始，在点点滴滴的日常生活中，以身作则，做出最好的榜样，帮助孩子健康成长吧！

父母是孩子成功的起点

　　父母对孩子的爱，除了提供优越的物质条件之外，更重要的是，为孩子创造一个良好的成长环境。俗话说"有其父必有其子"，榜样的力量是无穷尽的。对于初涉人世的孩子来说，父母就是他们人生的起跑点，他们大部分的生活经验，最初就来自于对父母的模仿。所以，当我们在抱怨孩子这样那样的缺点时，也许应该先反思自己。

　　每个孩子都会犯错，每个孩子都有不足，孩子的成长过程，就是一个不断地改正错误、不断地进步的过程。然而，急于求成、望子成龙的父母往往忽略了这点，在面对孩子的过失与错误时，不是冷言嘲讽，就是棍棒伺候。"你怎么搞的？""你怎么那么笨？""你这个没用的东西！""你天生就是个废物！""除了会吃饭，你还会干什么？""别人家的孩子多优秀，看看你那个笨样子！"……当你用这样尖锐的词语责骂孩子的时候，是否冷静地问过自己，是什么原因造成孩子错误的行为？和自己有关吗？要如何才能使孩子从错误中成长起来？

　　每个人都是从孩童逐渐成长的，想必父母们在小时候，也曾经犯下类似的错误，也同样遭到上一代的责骂，应该也不会忘记被打骂后的伤心和绝望吧！所以，作为过来人的父母，应该更加懂得，单纯的批评与指责并不能解决问题，只会挫伤孩子的自尊和自信。孩子真正需要的，不是劈头盖脸的批评，也不是滔滔不绝的大道理，而是实实在在的榜样。

　　父母是孩子接触最早和最多的人，一言一行就是活生生的教科书，总能带给孩子最直接的影响。想要培养冠军宝贝，就要先学会做冠军父母。

1. 别让孩子成为敷衍下的牺牲品

"妈妈，你已经第五次说话不算话了！"小毅涨红着小脸，满脸愤怒地望着妈妈。正在看韩剧的妈妈突然一愣，这才想起来，原来刚才儿子说，老师要求家长和孩子一起完成一份手工作业。当时剧情正精彩，她的视线根本就没有办法离开电视机，所以就应付着回答说："好好好，你先去，妈妈等一下就过来。"本来以为这样就可以应付过去了，没想到儿子却早就已经等得不耐烦了。"乖儿子，对不起，是妈妈不好，妈妈马上改正！"说完连忙起身关掉电视。"我才不相信呢！你和爸爸都是这样，每次都说要改，过后还不是一样骗我。上次爸爸答应我，周末带我去游泳，可是后来却跟莉莉的爸爸去打麻将，害得我一个人在家里待了一整天。"妈妈正要辩解，小毅又接着说道："还不止这些呢！还有一次，我要你陪我去买故事书，结果你就拉着我去逛百货公司。最后，你买了一大堆衣服，却只带我去书店匆匆

忙忙转了一圈就回家了,我连半本书都没买到。你和爸爸都是大骗子!我以后再也不会相信你们了。"激动的小毅愈说脸愈红,最后竟然哇地一声,大哭了起来。妈妈呆立在原地,不知道该如何应对孩子的这番话。

写给家长

在父母与孩子的对话中,有一些话的出现频率非常高,例如:"没时间,下次吧!""没看到我正在忙吗,过会儿再说!""别着急,等一下。"……说出诸如此类的话,不排除父母是真的很忙。但是再仔细想想,有时是不是也仅是因为不耐烦,或者是心存懈怠,所以就想应付一下过去?当你想要敷衍孩子、蒙混过关的时候,请不要忘了,孩子年纪虽小,但他们的小脑袋记性却是异常地好。就像故事中的妈妈一样,一开始也没把敷衍、应付当一回事,可孩子却牢牢地记在心里。三番两次过后,不管家长之前在孩子的心目中有多神圣、多高大,都会在敷衍中慢慢瓦解,最后变成孩子眼里不守信用的人。如果再不小心,敷衍、谎话的种子就会在孩子的心里扎根,父母的行为就变成了又一次坏习惯的言传身教了。

天下父母都渴望自己的孩子成才,也为此付出了心血和努力。但是,总会有那么一些时候,父母对孩子的行为感到厌烦。每当这种情绪孳生,父母的耐心自然大打折扣,对孩子也就难免敷衍。父母也不能只爱说些虚而不实的话,或是给孩子说一些空泛的大道理,然后就放任其成长,甚至还美其名曰:"孩子有自己的生活方式,总会找到适合自己的路。"孩子能否成器,关键在父母。想要让孩子成为你的骄傲,必须充分认识到,身为父母,肩上必须担起的沉甸甸的责任。常言道:"从小看大,三岁看老。"父母从小就要给孩子打下一个坚实的基础,认真对待他们成长中的每一个小细节,从身体到心理,丝毫都马虎不得。尽管孩子的成长也会受到很多先天因素的制约,但是后天环境的影响,却可以左右孩子的一生。所谓"玉不琢,不成器",父母的态度,决定了孩子是成为一件精品、合格品,还是次品,甚至是瑕疵品。我们常说"态度决定一切"，父母对待孩子的认真态度，以及与孩子相处时的点点滴滴，一举一动，都会在孩子的成长中得到印证。

　　每个孩子都应该是一件艺术品，只有在父母手中精打细磨，才能展现出夺目的光芒。可是，如果因为父母的不耐烦，把教育孩子当成是功课，甚至是负担，随随便便应付了事的话，再好的泥胚，也难以打造出精品。身体力行、以身作则，这才是把孩子塑造成自己最伟大作品的唯一快捷方式。

> ★ 任何理由都不能成为敷衍孩子的借口。
> ★ 孩子是父母的一面镜子，你所有的举动都会一一重现。
> ★ 父母的态度将决定孩子的成长和未来。

2. 生气之前先听孩子怎么说

　　这天下午，芊芊从老师那里拿到了上次考试的分数。吃晚饭的时候，爸爸一边夹菜给芊芊，一边问："上个星期的考试成绩应该快出来了吧！"看着爸爸一脸笑容，芊芊说："嗯，今天下午老师刚把试卷发下来。""考得怎么样？去拿来给爸爸看看。"爸爸显得有点迫不及待，芊芊只好放下碗筷，赶紧去房间拿试卷。"老师说，大致上还算不错，就是英文稍微差了点。"想到爸爸之前曾经立下的要求，芊芊还是觉得忐忑不安，把试卷递到爸爸面前的时候，忍不住有些发抖。果不其然，爸爸看完试卷后，突然甩掉手里的筷子，猛地站起身来，用怒吼的声音说："你是怎么搞的？平常让你专心念书，你不听。考试才拿这么一点分数，你怎么对得起我？我每天那么辛苦在外面赚钱供你念书，你居然这么不争气！""爸爸，对不起！我真的不是故意的，可是这次题目比较难，其他同学的分数也不高 ……"芊芊刚要开口解释，却更加惹恼了爸爸，"你每次都这样，遇到问题就狡辩。其他同学分数不高，难道就是你考差的理由吗？你总是盯着考得比你差的人，这样功课就会进步吗？""可是，老师说我比起以前，已经有进步了……"芊芊试图跟爸爸沟通，可是爸爸根本不让她把话说完。只见爸爸噼里啪啦的一阵大骂，委屈的芊芊只能呆呆地站在原地，除了偷偷掉眼泪，她找不到更好的办法来替自己解释了。

写 给 家 长

俗话说："人非圣贤，孰能无过？"身为父母，本身也不能避免犯错，更何况你面对的，是正在人生路上摸索前进的孩子呢？

面对孩子生活中的淘气，学习上的不尽如人意，许多父母往往都会采取简单粗暴的解决方法，一有问题，立即破口大骂，甚至还会动手。故事中芊芊的爸爸就是个典型，前一分钟还温和亲切，得知女儿成绩与自己的期望不合，立即大发雷霆，变脸速度快得惊人。可是，这样大骂一场，除了换来自己大动肝火，以及女儿的委屈眼泪外，对解决问题并没有丝毫作用。遇到性格比较叛逆的孩子，这样不问青红皂白地发脾气，还会引发孩子叛逆的情绪，反倒与原来的期望背道而驰。孩子愈来愈大，与父母之间的冲突会愈来愈多。意大利著名教育家蒙台梭利说："大部分的冲突，来自父母总是按照自己的意愿与标准来衡量孩子，而却没有发现，孩子的世界与大人有明显不同。"所以，当孩子的某些行为让你怒火中烧的时候，不妨让自己先冷静一下，试着跟孩子换位思考，尝试着去了解孩子的动机，以及他们内心的需要。父母应该记住一点，就是不要轻易发脾气，这不仅会伤害孩子的内心，说不定还会让孩子变得像你一样火爆。每个孩子都有一颗纯净善良的心。尚在成长当中的他们，或许因为淘气、好奇，或许因为懵懂、天真，总是会犯下错误。身为父母所要担当的，应该不仅仅是批评者的角色，更需要能够站在孩子的立场上，去听听他们对于自己的所作所为做出的解释。或许你得到的只是孩子幼稚的辩解，也可能是孩子一番强词夺理的说辞，但是不论怎样，学会倾听孩子的解释和讲述，让他们根据自己的逻辑分析问题，可以使你更好地了解到问题的真相。在这个过程中，最重要的是，孩子获得了与父母平等对话的权利。让他们自己争取解释的机会，以及和父母平等对话的过程，远比大动肝火的批评教育来得更深刻，当然也更为理性。

所以，当你想要对孩子发脾气之前，不妨先听听孩子的说法，这样不仅会让问题得到更好的解决，那份信任和理解，也会让父母永远占据着孩子人生中至关重要的位置。

★ 身为父母的成人都会犯错，更何况是摸索成长中的孩子。

★ 发脾气不能解决问题，反而有可能会带来负面的影响。

★ 学会和孩子换位思考，与孩子平等对话。

改变，才是影响孩子的关键

　　很多父母都在抱怨，说现在的孩子愈来愈难管教，不仅不听话，而且还时常跟父母对立。其实，如果父母有机会冷静下来的话，就会发现很多问题只是你内心固执的观念在作祟而已。

　　按照过去几千年的传统思想，坊间流传着"父为子纲"的观念，子女必须要绝对服从父母，所以在面对孩子的时候，很多父母总是一副高高在上的姿态，和孩子交流的时候也总是板着面孔说教。但是，我们都很清楚，现在的小孩都非常有想法，如果还想依靠这老一套的"镇压"教育，当然是不太能行得通。社会在进步，孩子也一天天在长大和改变，如果总是用昨天的教育方法来教育今天的孩子，效果当然不会好。

　　不管你认为自己的理念有多科学，都不要指望永远用同一个方法教育孩子一辈子。孩子身上出现的问题会随着年龄的增长而层出不穷，这个解决了，那个又冒出来。有时候，教育的过程就好像父母和孩子在"打太极"。想要获得"四两拨千斤"的效果，父母就要适当地改变自己的一些习惯和行为，例如：改变父母必须端着架子的观念，学习一些时下流行的知识，可以让你和孩子的沟通获得更好的效果。父母如果能够改掉生活中的坏毛病，一定可以带给孩子很多正面而积极的影响。

　　孩子难以管教，两代关系愈来愈难以相处，这当中最大的原因，在于父母和孩子不能相互理解。在父母的眼里，孩子永远都处于什么都不懂的状态。而在孩子眼中，父母是高高在上的统治者，无法沟通。

　　所以，想要培养出成功的孩子，父母首先要摆脱传统的教育观念，学着改变自己的教育方式，放下居高临下的姿态，用真诚和平等的态度跟孩子交流,这才是影响孩子的关键。

⭐ 3. 跟着孩子一起学

　　李先生有一个十二岁的儿子,和大多数父亲一样,他希望自己的孩子将来能够成才,凡事都能比别人做得更好。所以,在孩子还很小的时候,李先生就非常注重对儿子各方面的培养,先是让孩子学钢琴和画画,再大一点又学了篮球和英语。在这个过程中,李先生和妻子都付出了很多的努力,而儿子优异的表现也成为他最大的骄傲和欣慰。可是,随着年龄增长,儿子的自主意识愈来愈强。面对生活和学习上的各种问题,父子之间经常发生摩擦,儿子好像变得愈来愈不听话了。面对孩子的问题,李先生和妻子都非常着急。从打骂到交谈,无论怎么做,收到的效果都不明显。在和孩子的交谈过程中,李先生常说一句话:"我像你这么大的时候……"每次只要他一提到这句话,儿子就会露出很不屑的表情,反而还丢下一句"好汉不提当年勇",堵得李先生说不出话来。为了找出问题,李先生不断地跟老师沟通,找来很多有关书籍认真阅读。于是他慢慢意识到,孩子在逐渐成长,社会也在不断进步,而自己却依然沿用父辈当年教育自己的方式,来教育自己的下一代,当然不会有好效果了。此后,李先生开始关心身边的新事物,慢慢地,与孩子的话题也逐渐多了起来,原来针锋相对的父子关系,变得愈来愈融洽。

写 给 家 长

　　在孩子成长的各个阶段,父母需要扮演各种不同的角色。但是,无论站在哪一个立场,父母总是希望孩子能够顺利成长,少犯错。可是,在现实生活中，父母却总是一副"我是你的父母，是过来人，不论我说什么你都应该听"的样子。殊不知，当你还沉浸在过去那一套教育方式时，今天孩子们接触的世界已经完全不同了。

想要真正给予孩子帮助，就应该放下架子，随着时代和社会不断进步，与孩子一同学习，这样才能逐渐走进孩子的心灵，让你的教育发挥良好的效果。

其实，学习不光是孩子的事情，也不光是父母学生时代的事情。为人父母，有时候比孩子更需要学习。曾经有人做过一项调查，让孩子记录父母的生活，看看父母每天都在忙些什么。在展开这项调查之前，设计者原本是希望孩子通过观察，能够理解父母的辛劳。可是，最后的调查结果却出乎大家的意料之外。通过孩子的调查发现，除了上班的工作以外，大多数父母都把剩余的时间用在看电视、打麻将，以及其他一些无谓的事情上。而在针对调查结果的讨论上，孩子却希望爸爸、妈妈能够多看报纸、多学英文，最好还能学会上网，这样就可以与他们有更多的交流。

为了给孩子创造优越的生活条件和良好的学习环境，父母的确是付出了许多努力，这当然毋庸置疑。但是，当你把工作之外的时间，全都用在无聊的消遣当中，放松悠闲地享受闲暇时光时，孩子的心里却有不同的看法。他们更希望父母能够了解这个世界正在发生的变化，能够拥有跟上时代步伐的知识。所以，为人父母，应该要懂得并且善于和孩子一起学习，一起成长。

在对待父母跟子女的沟通问题上，我们听到最多的词语就是"代沟"。在孩子的眼里，父母总是保持着过去陈旧的思维和知识，所以也拒绝过多的交谈，因为说再多，父母也不懂。更有许多父母，就像故事中的李先生一样，总是喜欢拿自己过去的经历来教育孩子。这样的做法，也许刚开始还能对孩子有些许促进作用，但是时间一长，就变成了你缅怀过去的老生常谈，说不定还会引来孩子在心里暗自嘲笑。

所谓的"代沟"，其实也并不是那么难以跨越。想要消除与孩子之间的这道横沟，做父母的只需要拿出点空闲时间，关上电视、远离麻将，静下心来吸收一些新知识，这样才不会让你变成什么都不懂、只会唠叨的父母。孩子看重的，并不是父母能赚多少钱，他们更看重知识的力量。身为父母，也许做不到无所不知，但是至少也不能一无所知。所以，和孩子一起学习吧！

★ 不要把过去的经验硬套在孩子身上。

★ 父母也许做不到无所不知，但是至少不能一无所知。

★ 多多学习新知识，能够拉近父母和孩子之间的距离。

4. 父母是孩子最好的老师

这天下午，花花和爸爸、妈妈一起逛公园。走到儿童游乐场的时候，花花兴奋地冲过去荡起了秋千。见女儿玩得高兴，爸爸、妈妈就坐在一旁聊天。过了一会儿，妈妈突然听见秋千那边传来哭闹声。原来，花花在荡秋千的时候，不小心碰到了一个小男孩。小男孩哭着跑去跟妈妈"告状"，说花花碰撞到他。听到自己的孩子碰撞到了别人，妈妈赶紧过来查看到底是怎么回事。"我根本就没碰到他，是他自己不小心摔倒的。"面对妈妈的质问，花花一脸委屈地说。"我女儿明明没撞到你儿子，怎么能乱说呢？"听了女儿的话，花花妈妈心里有了底，对着小男孩的妈妈说。"她明明撞到我儿子了，你还护着她，哪有像你这样教育孩子的。"本来就心疼孩子，再听了这句话，小男孩的妈妈就更生气了。"就算你的孩子是块宝，也不能这样乱冤枉人啊！我看你们家就是没家教。"花花的妈妈丝毫不让步，马上就回敬一句过去。

　　就这样你一言我一语，两个妈妈打起了口水战。看到老婆、孩子被人"欺负"，两个爸爸也加入到争吵的行列。双方家长愈吵愈烈，也愈骂愈难听，还差点动起手来，幸亏被旁边的家长劝住了。父母在大吵大骂的时候，两个孩子始终待在一旁默默不语，用好奇的眼神看着自己的爸爸、妈妈，他们的小脑袋里会想些什么呢？

写给家长

　　两个孩子玩耍，不小心发生了碰撞，这原本是件非常平常的事，可双方父母却都不想让自己的孩子受委屈，要为孩子讨个公道，最后竟打起剧烈的口水战。且不论这事到底谁对谁错，父母的这个做法，就已经给孩子造成了一种极坏的影响。父母如此声嘶力竭地对骂争吵，能教会孩子在遇到争执时，如何礼让三分、互敬互爱吗？还是教会他们如何谩骂争吵？

　　孩子的心是天真的，像一张白纸一样纯洁，一次不经意的涂抹，都有可能对他们未来的品德产生影响，所以我们才会如此重视孩子的教育。在一个人的教育过程中，家庭教育是其接受最早，时间最长，也是影响最深厚的教育。人们常说，父母亲是孩子的第一任老师，你的一言一行、一举一动对孩子都有言传身教、陶冶习染和潜移默化的作用。如果父母不注重自身的行为，今日的种种，日后必会从孩子身上再现出来。

对孩子来说，生活经历是最有效也是最直接的教育方式。所以，父母才是孩子最好的老师，孩子的品行，完全取决于父母的素质。身为父母，应该懂得自己肩上的责任有多重，要时时刻刻树立榜样，用自己的行动去影响孩子的人生观、世界观。这样的话说起来也许空泛，但是却体现在生活的每一个细节当中，例如：善待老人、遵守交通规则、不说脏话……这些看似平常的细节，却会被孩子敏锐的眼睛捕捉到。所以，如果之前你从未注意过这些问题，从现在开始就要学着改变，时刻想着孩子那双关注的眼睛，就不会因为一时的冲动，给孩子的未来造成不良影响。

另外，对于步入而立之年的父母来说，通过之前的努力，也许事业已经有了一定的成就，原本紧绷的神经也开始松懈下来，难免就会对生活抱有一种"维持现状就可以了"的态度。可是，父母是否曾经想过，当你安享之前十几年打拼得来的安逸生活时，闲适的生活态度会不会给孩子留下这样的印象——生活得过且过就可以了，不用太努力。

孩子只能看到眼前发生的一切，并不能完全了解父母之前的努力。为了避免让孩子丧失上进心，父母一定要有积极向上的心，即便生活已经达到了理想状态，还是可以有更高的追求和奋斗目标。这样，在你不断完善自我的同时，那种积极进取、努力向上的人格会自然地影响和感染孩子，使他们耳濡目染，受到启迪。

针对家庭和父母对孩子成长的影响这个问题，国外的科学研究机构曾经专门做过实验，最后的结果证明，父母对孩子的思想观念、行为举止的形成发挥了决定性的作用，尤其是从出生到七岁这个阶段，孩子的大脑发展呈现出最为旺盛的状态，家庭环境的刺激很容易就会在他们的大脑中留下信息，进而影响到孩子的认知、情感、性格等多方面的发展。

　　所以，每一个望子成龙、望女成凤的父母，都应该尽到做父母的责任，做好孩子的启蒙老师。因为你能留给孩子的，除了会被耗尽的物质财富之外，更重要的是取之不尽的精神宝藏。

> ★ 孩子就是一张白纸，一次不经意的涂抹都可能带来一生的影响。
>
> ★ 孩子的品行，完全取决于父母的素质。
>
> ★ 任何时候都不要松懈对自己的要求，因为父母是孩子的标杆。

培养孩子正确观念

从孩子呱呱坠地的那一刻起，教育的重任就一步一步向父母扑面而来。为了让孩子顺利成长、成才，父母总是会用博大无私的爱，给孩子营造一个温暖的港湾。但是，这种爱有时候给过头了，反而会对孩子造成一种伤害。

在现实生活中，父母总是喜欢上演"越俎代庖"的戏码，但凡自己能够想到的，都会全权帮孩子处理，甚至为孩子设计好了将来人生的轨迹。尽管这样的做法是出自于爱，但是却无异于排演了一场传统的"包办婚姻"或"指腹为婚"。且不说这样的做法是否现实，孩子是否能接受父母的安排，单单这个举动本身，就已经剥夺了孩子自由成长的权利。

每个人都会遇到问题，我们慢慢会发现，发生什么样的问题并不重要，重要的是你的想法、看法和做法。孩子一旦遇到问题，总是希望能从父母那里获得答案，就好比肚子饿的时候，孩子就知道向妈妈要吃的，这是一种本能。

但并不是面对孩子所有的要求，都该给予直接的满足。有时孩子还在自己思考问题的解决办法，父母却迫不及待地把答案告诉孩子，问题看似得到了圆满解决，但这种做法对孩子的成长却毫无意义，只会让孩子产生依赖感，久而久之便懒得自己处理问题。

孩子需要的是真正的成长，父母的帮助虽然能够解决一时的问题，但是孩子除了学会继续伸手索要之外，并不能自己担负起责任。聪明的父母会引导孩子如何去思考问题，因为正确的思维方法和观念对孩子的将来至关重要，它使孩子在脱离父母的庇护之后，依然能够从容地面对一切。

孩子成长所需要的动力，来自于不断开发自我潜能的过程。不要只顾着满足于伸手递给孩子食物,培养孩子正确观念才是最重要的,唯有如此,才有可能使孩子卓尔不凡。

5. 雕塑孩子,从温故知新开始

克帆上小学五年级了。刚开学的时候,他在爸爸、妈妈面前信誓旦旦地说,这学期的成绩要进入全班前五名。为了达成目标,克帆还自己制订了学习计划,把每天的时间都进行了分配。看着孩子终于懂得自觉学习,而且学习计划也制定得非常好,爸妈对他也是充满了期待。刚开始,克帆还能按照学习计划,每天下课之后就直接进入书房,认真地看书、做试题。放下很久的课外读物,也被他重新拿来阅读。克帆的主动学习,让爸爸、妈妈放心不少,再也不用像从前那样每天监督着孩子。可是,这样的情况并没有持续多久。大约两个月过后,克帆回家后的第一件事情,不再是做作业,而是守在电视机前面看卡通片。看样子,一开始雄心勃勃的克帆,慢慢恢复了小孩子贪玩的天性,完全把当初定下的目标抛在了脑后。为了让孩子巩固学习目标,让孩子找回当初努力的动力,爸爸决定跟克帆好好谈谈。这天,克帆放学回来的时候,慢慢拿出了一张试卷,让爸爸签字。看着孩子磨磨蹭蹭的样子,爸爸已经猜到这次考试成绩不理想。果然,克帆的分数刚刚及格。如果是平时,爸爸看到这样的成绩一定会大发雷霆,可是这次却没有。爸爸先是在试卷上签了字,然后拿出一张白纸,平心静气地辅导克帆把做错的题目一一做了更正。做完之后,爸爸跟克帆进行了一次长谈,仔细地帮他分析考试失败的原因,并且告诉他要时刻提醒自己,不要忘记自己当初定下的目标。此后,克帆又重新开始执行当初制订的学习计划。为了防止孩子再次犯同样的错误,每隔一段时间,爸爸还会让克帆对照目标进行检查,找出不足的地方。

写给家长

身为父母，不单要努力培养孩子的学习兴趣，更要善于鼓动孩子的学习热情，激发孩子学习的积极性，并通过适当的提醒，让孩子记住自己的目标，养成良好的学习和生活习惯。

自制力是孩子善于控制和支配自己行动的能力。可是，因为年龄的缘故，再加上孩子天性中贪玩的因子，他们很容易就管不住自己，很容易就会忘记自己当初立下的目标。学习是需要自觉的，所以对于缺乏自制力的孩子来说，想要帮助他取得不错的成绩，父母就得培养孩子的自制力。

在说服孩子确立行动目标的同时，父母要学会鼓励他们坚持到底。孩子不制定目标，他们的行动往往就缺乏明确的方向，稍有困难就想放弃，所以也就谈不上坚持性。父母应说服孩子确定行动目的，培养他们做事先认清目的的习惯。在孩子年龄稍微大一点的时候，可以引导孩子，订立适当的目标，并且鼓励他们为目标的达成而坚持。在父母的帮助下，孩子的方向会更加明确，努力也就会更有成效。

对于小孩子来说，大千世界充满了各种极具吸引力的事情，生活对他们来说，有时候就像是一场奇幻旅程，那双好奇的眼睛总是会发现许多令他们兴趣盎然的事情。也正是因为这个原因，当孩子在为了一个目标奋斗时，很容易被周围发生的事情所吸引，进而分散了注意力。我们常说"一心不能二用"，孩子的精力也是有限的，在这边玩得很尽兴，那边用在学习上的精力自然就会减少。所以，父母就需要动动脑筋，把孩子的注意力重新吸引到原来的目标上。

面对孩子的自制力和坚持力差的问题，父母应该视当时情况，找出教育的重点。就像故事中的克帆一样，既然懂得订立适合自己的目标，说明他还是有一定的学习自觉性，所以克帆的爸爸不再时时告诉孩子怎么做，而是在适当的时候给孩子敲警钟，温习自己当初定下的目标，通过这种方式让孩子产生新的动力。

克帆爸爸的做法，其实很值得许多父母参考。父母需要时时关心孩子的目标执行情况，但光是问问还不够，还必须深入了解情况，最好是参与到孩子的学习当中。尽管每天的工作已经让你疲惫不堪，但是不妨抽出一点空闲，牺牲一些和朋友喝酒、和邻居搓麻将的时间，多跟孩子谈谈，旁敲侧击地给予孩子监督和鼓励，充分调动起孩子的积极性。这样一来，孩子既感受到了父母的关心，父母也发挥了提醒的作用，同时还不会让孩子产生被监管的感觉。

不管怎么样，爱玩还是孩子的天性，他们在冲向目标的过程中偶尔走神，其实是可以理解和原谅的。不要动辄就责难孩子，温柔的提醒说不定会更有效哦！

> ★ 缺乏自制力是孩子容易走神的重要原因。
> ★ 适时给孩子提醒和鼓励，就能让他找回当初的目标和自信。
> ★ 不管多忙也要抽出时间关心孩子的目标进展。

6. 帮助孩子，应该给他一根钓竿

新学期开始了，学校又展开了新一轮的才艺班报名。由于之前小明一直在学习萨克斯风，所以爸爸、妈妈都很希望他能够继续坚持，这样才能学有专精。当小明回家提出想要报名参加足球、舞蹈和绘画这三个小组的时候，爸爸、妈妈并没有急着一口否定他的想法。通过一番交流，妈妈了解到，小明认为每天练习萨克斯风太枯燥了，而足球是男生的运动，可以使他变得更强壮。另外，小明最近在美术课上经常得到老师的夸奖，所以他想要选择绘画组，再加强练习。至于舞蹈，是因为看班上其他同学跳得很开心，所以也想尝试一下。听完小明的回答，爸爸、妈妈首先肯定了小明的想法，并且表明了态度：多学习新的知识和技能是非常值得表扬的。但同时也表示，不希望小明把学习多年的萨克斯风放弃。小明说他也想要把萨克斯风练好，但同时也很想学新的东西，只是不知道该怎么选择。看着一脸认真的小明，爸爸拿出一张纸，和他一起分析参加每一个才艺的好处和问题，并且把这些想法一一写在纸上。

通过分析和对比，小明发现绘画和舞蹈都需要耗费大量的时间来练习，这样一来，练习萨克斯风的时间就会被占据，而足球却不同。虽然同样需要参加小组训练，但时间一般都集中在周末，平常只需要做短时间的练习就可以了。这样安排，不但不会占用太多练习乐器的时间，反而可以作为一种补充和调剂，让萨克斯风的学习变得不再像以前那么枯燥。

小明最后选择了足球。每次看着儿子满头大汗但活力充沛地回到家里，洗完澡之后又继续认真练习萨克斯风，爸爸、妈妈都庆幸当初没有简单化地强迫孩子做出选择。

写给家长

真正的教育，应该是给予孩子帮助和引导，而不是单纯鞭策他们往前走，甚至事事都替孩子做出选择。让孩子自己选择道路，是培养个性和创造力的最好办法。即便孩子的选择有可能会带来挫折，但也是为了将来的路能够走得更顺畅，父母大可不必事事代劳。

按照常规的做法，故事中的爸爸、妈妈完全可以不管小明的想法，直接告诉他该选什么。在多数情况下，孩子都会听从父母的安排，即便有不同的意见，父母只要稍微变个脸色，或是大吼几句，孩子自然就会打消反驳的念头。从表面上看，类似的争执中，好像是父母赢了，但随着时间流逝，你会发现孩子正逐渐丧失选择的能力与判断力。这就好比动物园里的猛兽，长期接受饲养员送来的美食，捕捉猎物的能力自然也就慢慢退化了。

父母总会不自觉地陷入经验主义的思维模式中，将自己对社会、对人生的期望，移植到孩子身上，这是很多父母都容易犯的一个错误。其实，孩子在面临抉择的时候，需要的并不是父母来帮忙做决定，因为他们也有自己的想法，只是因为人生阅历以及思维模式的限制，无法理清头绪而已。这个时候，就需要父母来和他们分析，让他们看清摆在面前的机会和问题，以便选择适合的方法和道路。

为了能让孩子少走弯路，同时也能让孩子按照自己所规划的人生道路成长，许多父母容易把自己定位成施舍者的角色。当孩子一有需要，他们就会从身上掏出孩子所需的，然后递给孩子，也不问问孩子这是不是他们最想要的。当然，换个角度来说，就算你每次都能给出最适合孩子的东西，但是不是就能一辈子都这样给他呢？孩子总是会长大，总有一天会离开父母的庇护，独自面对社会。当父母无法再待在身边给予帮助的时候，他还是需要一个人面对。所以，父母需要做的，不是满足孩子的要求，而是教会孩子处理问题的能力，如此，脱离父母的怀抱之后，才有能力飞得更远、更高。

曾经有一位日本知名教育专家说过："本质上的教育，应是发挥各人的个性，使之开花结果的过程。"在我们过去了解到的名人故事当中，很多人之所以能够获得不同凡响的成就，都是因为他们选择了适合自己的人生道路，找到了最有效解决问题的办法。所以，对于想要培养出具有冠军潜能的孩子的父母来说，应该学会如何给孩子自我成长的机会。如果把父母无私的帮助比作奶瓶，那不妨提早孩子的断奶期，这样他才有可能获得更好的成长。与其每天战战兢兢地担心孩子遇到问题，倒不如教会他如何解决问题。放手让孩子去尝试各种不同的东西，相信他会寻找到更好的，并且最后成为你的骄傲。

★ 真正的教育，应该是给予孩子帮助和引导。
★ 事事帮孩子处理好，只会让孩子丧失思考的能力。
★ 孩子需要的不是结果，而是方法。

Part 2

第二章
创造竞争的快乐思维

初生之犊不畏虎。幼年时期，每个孩子都有着积极进取、誓争第一的锐气。他们不断地跟同龄小孩较劲，谁跑得更快，谁画的图更漂亮，谁尿尿尿得更远……他们什么都要比一比。这种不服输的竞争精神，促使他们不断地努力，超越自己和别人。

有研究显示，四岁时，孩子就已经开始尝试自我评价，而评价的依据就是竞争。通过竞争，孩子发现自己的优势和不足，进而建立对自我的认识。在成长的过程中，孩子会不断地参照他人，不断更改"参照标准"，不断通过比较来评价自己和别人。

你跑得快，我要比你跑得更快；你棋下得好，我要下得比你更好……为了不断地超越，获得优胜的喜悦，孩子会毫不吝啬地挖掘出自己最大的潜能，付出更多的努力和智慧，迸发出无穷的创造力。在能力提高的同时，年幼的他们也开始享受专注所带来的愉悦。

不仅如此，在团体竞争中，孩子还能体会到集体的力量、共享的愉悦。对于习惯单枪匹马的孩子来说，通过合作，能做到他一个人无法做到的事情。而在这个巨大的成功背后，有他智慧的参与。这些快乐和荣誉感，都是竞争带给孩子的最好奖赏。

毋庸置疑，竞争让成长中的孩子获益匪浅：他们学会了认识自我和别人，学会了与人相处，学会了面对压力，学会了自我展现……就如贝克汉姆所说："竞争总是好事，因为这样能够让你保持在一个很高的水平。"我们完全有理由相信，竞争是孩子成长中最强劲的动力。

然而，竞争必然会有输赢。竞争中的"常胜将军"会不断地累积自信，而"常败之将"难免会渐渐失去自信心。为了培养冠军孩子，身为父母，我们需要鼓励孩子大胆竞争，更需要帮助孩子学会真正的享受竞争。

参与竞争的喜悦

孩子的竞争意识是与生俱来的,他们从小就表现出对竞争的热爱。从幼儿园放学回家的孩子,最先告诉妈妈的通常都是:"妈妈,今天我跑了第一"、"今天我第一个吃完饭"、"我今天自己扣的扣子,王小丽还要老师帮她扣。"他们总是乐此不疲地在每一件小事上斤斤计较。

在成人看来,这些比赛毫无用处,甚至有点"无聊"。但它们却是孩子成长中的礼物,是孩子认识自我的必经途径。"我拼图比他快""我比她会讲故事""老师夸我最有礼貌"……许多次这样的成功,奠定了孩子自信的基础,也成为孩子在未来热爱生活、勇于竞争的源头。

作为家长,你需要做的,不是嘲笑这些"无用"的比赛,而是要通过分享孩子竞争的喜悦,鼓励孩子更多地参与竞争,享受竞争的快乐。

7. 分苹果不如自己赢得苹果

"孩子们,来,我们分苹果了。"因为家里有客人来,妈妈端出一盘苹果。盘子里有一个特别大又特别红的苹果,一下子吸引了所有小朋友的注意力。这时,儿子伸出手就去拿那个大苹果,"我要这个!"妈妈不高兴地打掉了儿子的手,"什么都争大的,一点礼貌都没有。"儿子顿时委屈地大哭起来,其他客人的表情也变得有些尴尬。为了让儿子停止哭声,妈妈不得不快速地把那个大苹果塞到他手里。

同样的情形发生在另一位妈妈的家里。看着孩子们眼馋的目光，那位妈妈说："你们都想要这个最大、最红的苹果吗？好，那就自己努力争取吧！院子里有一块草坪，你们每人拿一把大剪子去修草坪，谁修得最好，我就把这个最大、最红的苹果奖励给谁。"话音刚落，几个小朋友就争先恐后地去修草坪了。最后，剪得最整齐的小朋友获得了那个最好的苹果。整个过程，大家都很兴奋，也很投入，更没有人哭泣。即使是分到小苹果的孩子，也一样吃得很开心，因为这是他通过努力竞争所获得的奖励。

写给家长

很明显的，同样的情形，不同的处理方式，结果大不相同，对孩子的影响也是天壤之别。第一位妈妈本意是想教会孩子谦让，结果却不得不因孩子的哭声而妥协。让我们来看看，这位妈妈除了给孩子一颗大苹果外，还给了孩子什么。

首先，孩子是通过哭的方式，得到了自己想得到的东西。这就等于告诉孩子，软弱地哭泣，可以成为达成他愿望的途径。长此以往，哭就会慢慢演化为孩子的武器。与此同时，一句"什么都要争"的批评，会让孩子在潜意识里产生欲望羞耻感和依赖思想。因为妈妈的话告诉孩子："争是不好的"，只有"妈妈拿给我才行"。久而久之，孩子很容易丧失了参与竞争的勇气，也就无法享受竞争的乐趣。

相较之下，另一位妈妈则充分尊重孩子的欲望和想法。大家都有权利获得好东西，通过竞争而获得苹果的过程，让孩子更投入、更快乐。这就是竞争意识的培养。在竞争中，获胜者感受到了自我的力量，确认了自我的能力。在无数次的自我确认和成功的感受中，孩子会逐渐建立起自信心和敢于竞争的勇气。与此同时，那些没有获得最后胜利的孩子，也会看到自己的不足之处，并为下次能胜出而努力。有的孩子甚至会暗地练习，以便能在下次比赛中获胜。

这样的比赛你可能觉得有些小题大做，不过孩子却能通过这些比赛找到自信，学会通过竞争来处理一些问题和矛盾。

当然，我们不提倡什么事都以竞争的方式来表现，毕竟孩子还不能完全明白成败输赢到底意味着什么。在孩子的理解中，竞争大部分都和能力有关，属于一锤定输赢的"竞争"。因此，如果事事竞争、时时竞争，每天都以成败论犒赏，那么孩子就会有过大的压力，会对竞争产生排斥心理，同时还会产生一种错觉：爸爸、妈妈并不爱我，他们只爱我的成绩单和奖状。身为父母，我们需要培养孩子的竞争意识，同时也应该把握好鼓励孩子参与竞争的程度。

★ 告诉孩子，通过自己的努力争取得来的东西更好。

★ 即使孩子哭泣也不能满足他的无理要求。

★ 让孩子快乐竞争，但竞争不可太过频繁。

8. 让比赛的过程更美好

　　小飞是个可爱的小男孩，有一天，爸妈带他去参加一个活动，这让他很开心，因为爸妈说那里有很多小朋友。到了那里，小飞才知道是一个训练活动，在这里，小朋友们需要完成一些高难度的动作。

　　爸妈带小飞走到一片空地，小飞看见地上立着一根很高的柱子，被拴上保险绳的小朋友爬到柱子上站起来，再跳起来抓住对面的一根横杠。教练在下面一边鼓励一边说："谁最快完成，谁就是第一哦！"小飞看着柱子感到有点害怕，爬上去的小朋友很多都在发抖，还有些哭了。不过他们每个人最后都跳起来抓住了横杠，当他们降落下来的时候，他们都快乐得尖叫。小飞想，他们都能做到，我也能做到。所以当妈妈问他怕不怕时，他笑着说："不怕，我一定是最快的人！"可站到柱子上，小飞就后悔了，这柱子好高，爸妈离他好远。他想站到柱子顶端上，可脚怎么都不听使唤。"别看下面，要把注意力放在柱子上，脚一蹬就上去了！"教练在下面喊着。小飞鼓起勇气抬起脚，可脚不争气地打滑了，小飞吓得抱着柱子大哭起来。之后，无论大家怎么鼓励小飞，他都哭个不停，不同的是一会儿大哭，一会儿啜泣。其间小飞也做过几次努力，甚至一只脚已经踩到柱顶了，但就是不敢把另一只脚站上去。十分钟过去了，二十分钟过去了，三十分钟过去了，一个小时过去了，小飞还在柱子顶上哭泣，爸妈和教练只能放弃。终于回到地面的小飞躲进妈妈怀里大哭。

　　看着一个接一个的小朋友完成了动作，小飞心里觉得委屈：为什么他们能做到，我却不能？渐渐地，小飞不再啜泣了，他开始认真地看，认真地听，很快就发现自己是哪里做得不好了。当活动快结束的时候，爸爸问小飞还想不想再试试，小飞点了点头。

当小飞抓住横杠的时候，他高兴得完全听不到掌声，他只记得降到地面时他尖叫了。小飞高兴极了，他恨不得马上把这件事告诉他的好友。

写给家长

在活动中，小飞没有成为第一名，但他却比得到第一名还要满足，因为他全心全意地参与了这次的活动，他知道自己不比其他小朋友差。

人天生就有参与的意识和愿望，婴儿就喜欢和比他们大一点的孩子玩耍，虽然他无法真正参与他们的游戏，但待在他们身边，就会很快乐。随着年龄增长，孩子渐渐知道，要和别的小朋友在一起，就需要跟得上他们的脚步，或是成为他们的领导者，这时竞争就无法避免地开始了。你有的本领，我也要学会，甚至还要学得更好，或者比别人更早地学会新的技能。只有不断地努力学习，才能得到同伴的认可，才不会被同伴拒绝。所以小孩子从小就不会拒绝竞争，他们正是竞争的积极参与者。

可很多大人并不明白这一点，他们忘记了竞争的意义在于学习，在于自我超越，他们注意的往往是竞争的结果，以及是否获得了奖励。正是这样的局限，使大人们常常拿孩子们互相比较，而很少鼓励孩子，他在这次竞争中进步了多少。这样做的结果，只会带来过度的骄傲和过度的自卑，竞争过程中的那种快乐，被忽视了，进而被遗忘，竞争从此只剩下残酷。

人们都喜欢看奥林匹克运动会，这个运动会其实就是一个竞争大会。在众多的竞争中，有胜利，也有失败，无论是胜利者还是失败者，他们的欢笑和泪水同样值得关注。能拿到奖牌的人毕竟是少数，但大多数的运动员都很满足，因为他们参与到这个竞争中，这本身就是一种成就。观众的掌声，不仅是给胜利者，也是给参与者。尤其是那些在比赛中受伤却坚持比赛的运动员，掌声中包含的不仅仅是鼓励，更有钦佩。而在这些运动员的心目中，"我坚持到了最后"，比什么都重要。

看看中国台湾选手苏丽文参加2008年北京奥运会的例子，虽然没有拿下任何一面奖牌，但绝对没有人会说她是个失败者。因此，奥林匹克运动会的宗旨是"重在参与"。我们既然能从这个赛事中获得参与的快感，为什么要忽视生活中那些竞争可能会带给我们的快乐呢？小飞的快乐在于他尽了最大的努力参与到这个活动中，虽然他刚开始是如此地失败，但他最后找到了战胜自己的方法。最重要的是，他迈出了继续参与的一步，这让他证明了自己并不比其他小朋友差，证明了只要他努力就能做得到。要知道，"可以做到"和"已经做到"，在实质上有多大的不同。

因此小飞获得了出乎意料的快乐和满足，他不会为这次活动中的失败而懊恼，他会永远将这次的活动视为自己的骄傲。

★ 不要用竞争的结果来衡量孩子。

★ 让孩子从竞争中感受快乐。

★ 鼓励孩子多多参与竞争。

别做胆小鬼，只管向前奔跑

　　有心理学研究显示，孩子的竞争能力与个性是紧密联系在一起的。孩子个性中的许多因素，例如：胆怯、自卑、懦弱等，都会影响他未来的发展，包括与人交往和相处的能力，对事物的判断力，以及参与各种竞争的能力。

　　生活中的竞争无处不在，特别是在信息爆炸的今天，人们的竞争意识正在不断强化，孩子也不可避免地参与到各种竞争当中。虽然年纪尚小，但是他们依然怀有对成功的渴求，例如：在考试中拿个还不错的成绩，在体育比赛中比其他同学跑得快一点，又或者是在跳舞的时候多获得几句老师的赞赏。但是，往往因为对自己的能力缺乏自信，孩子总是会习惯性地带着胆怯和自卑去思考问题，还未开始就断定自己绝不可能获胜。

　　"这个比赛我一定赢不了"、"台下有那么多人看着，我好害怕"、"我肚子有点不舒服"……孩子总是会找出各种借口，躲避原本内心非常渴望的表现机会。这种自卑的个性，会让孩子意志消沉，不敢正视自己的缺点，并且很容易就自我否定，在竞争中丢失机会。

　　积极的个性对孩子的一生都有着极为重要的影响。因此，如何帮助孩子建立自信，让孩子在竞争和挑战中学会独立自强，就显得特别重要。通过不断地累积小成功，激发孩子的自豪感和自信心，是塑造孩子个性的关键。

9. 赢的滋味点点滴滴

承志是个性格内向的孩子，学习成绩也很普通。这个周末的下午，别的孩子都在外面游戏，承志却一个人坐在窗户前看着他们发呆。"承志，你怎么不出去和小朋友一起玩呢？"妈妈以为承志身体不舒服。"妈妈，我不敢，也不想去玩。小朋友都说我笨，动作又慢，没有人愿意跟我玩。"看着一脸自卑和委屈的承志，妈妈觉得很难过，同时也意识到问题的严重性。通过和老师的交流，妈妈发现承志在学校也很孤僻，无论什么活动都不愿意积极参加，为此还被老师批评过。时间一长，承志就产生了自卑心理。

为了帮助孩子树立自信，妈妈跟老师进行了沟通，共同分析了承志的情况，决定采取以表扬为主的鼓励方法。在学校，老师会安排承志做擦黑板、分发作业簿这样的工作，然后夸奖他；上课的时候，老师有意识地把回答问题的机会留给承志，暗示、鼓励他举手回答，哪怕是答错了，老师还是会对他积极举手的行为表示肯定和赞赏，然后再来分析答案。回到家里，无论是作业写得工整，还是帮助父母做一些力所能及的家务事，妈妈都会及时表扬承志，并且非常注意引导承志完成任务。从一开始的不情愿，到后来的乐于接受，承志表现得愈来愈像家里的小主人，还会帮妈妈招呼客人。在学校，承志的表现更是与从前判若两人，不仅喜欢主动跟同学交流，而且课外活动也表现得十分积极。在后来的考试当中，承志的成绩也有了很大的提升。

写给家长

自信心是一个人成才的重要条件，它对孩子的心理健康具有重要价值。良好的自信，可以促进孩子各方面能力的形成和发展。相反的，孩子一旦缺乏自信，变得胆怯和自卑，那么肯定是一事无成。

承志因为自卑而变得孤僻，妈妈循循善诱，激发孩子对学习和生活的兴趣，从细小的成功中帮助承志建立信心，引导承志克服缺点，最后抛开自卑心理，获得健康和快乐地成长。

想要帮助孩子摆脱自卑的心理，其实并不是什么特别难的事，只要先抓住孩子的"病根"。我们常说，天才是少数的，大多数孩子都是平凡的。面对成绩平平的孩子，家长如何把关注点从考试分数上转移，去发现孩子思想和行为上的其他特长，这才是关键所在。

当你在无形中帮助孩子获得成功的同时，孩子也会慢慢感受到这份期待，信任的力量会促使他产生积极的念头，进而转化成为奋斗的动力。当你激发出孩子竞争的潜能，孩子在做任何事情的时候，都会拥有强劲的动力,面对问题也不再逃避和退缩,而是表现得更加积极和理智。

想要帮助孩子摆脱自卑、胆怯的心态,"鼓励"是不可忽视的。积极的语言能够使孩子产生积极的力量,改变原本消极的心态。所以,面对孩子的犹豫不决,不妨给孩子一个灿烂的笑容,然后语气坚定地告诉他"我们相信你"、"你真聪明"、"你一定行"之类的话。当你在为孩子打气的同时,孩子感受到了力量的存在,自然就会满怀信心地去面对一切。

当孩子遇到困难,不敢接受挑战时,可以和孩子一起来幻想一下成功后的情景。尽管这种做法看起来像是做白日梦,但是却可以帮助孩子战胜胆怯心理,让孩子愉快地接受一些富有挑战性的任务,而且还会获得意想不到的成功。

我们常说"尺有所短,寸有所长",每个孩子都有自己的长处和优势,同时也有自己的短处和劣势。想要让孩子摆脱自卑和胆怯,就必须让孩子认识到自己的长处,扬长避短,这样就可以大大增加成功的几率。所以,发现孩子的优点,并且为孩子提供发挥的机会和条件,也是帮助孩子克服自卑心理的关键。

对于缺乏自信的孩子来说,过多地讲大道理,会让他们感到愈来愈迷惘,还不如制定几个切实可行的目标,然后再分解成若干小目标。当目标变得小而具体,实现起来也更加容易。这样一来,孩子每天都能获得成功的喜悦和成就感,自然就能远离自卑和胆怯了。

★ 自信心并不是与生俱来的,需要后天的培养。
★ 积极的语言能够使孩子产生积极的情绪,给孩子成功的力量。
★ 细小的成功能让孩子拥有巨大的喜悦和成就感,这就是成功的开始。

10. 让孩子做时间的主人

放学回家后，小明放下书包就跑进书房里，抓起刚买的课外读物津津有味地看了起来。没过几分钟，电视里开始播放他喜欢的卡通片了，他立即丢下课外读物，坐到沙发上看起电视来。妈妈问起作业的事情，小明只是应付地"嗯"了一声，然后继续看电视。

电视看完后，紧接着就是晚饭时间。慢吞吞地吃完晚饭，小明才坐下来写作业，此时已经是晚上八点了。"小明，快点写作业！"看着小明一直玩弄着橡皮擦，妈妈忍不住叫了一声，他这才慢吞吞地拿出书本。"小明，你看着窗外发什么呆？"被妈妈嚷了一声，小明这才收回走神的心思，在本子上写了几个字。就这样写写停停，本来二十分钟就能完成的作业，小明花了整整两个小时。临睡前，妈妈检查的时候，还发现一大堆错误。看着毫不在意的小明，妈妈几乎想要发脾气，可还是耐着性子跟他讲道理。尽管他点头如捣蒜，可是第二天却还是老样子。面对没有时间观念的小明，妈妈除了一声叹息，还多了几分担心：这样没有时间效率的孩子，如何能在将来竞争激烈的社会中立足呢？

写给家长

现代生活要求人们珍惜时间、讲效率、快节奏，这样才能避免落于人后。但是，对孩子来说，由于年龄和经验的限制，他们对看不见、摸不着的时间通常没什么概念。许多父母都抱怨自己的孩子没有时间观念，很多事情都要一再督促，才能勉强完成。

其实，对孩子的培养，不仅需要建立重视时间的观念，同时也需要学会时间的合理使用。让孩子养成合理分配、使用时间的习惯，逐渐建立起良好的时间观念，学会如何支配时间，把时间花在有价值的地方，是帮助孩子赢得人生胜利的关键。

不当的教养方式是让孩子养成拖拖拉拉习惯的根源。有些孩子从小就完全听从父母安排，时间概念比较模糊，做事缺乏积极性和主动性，自然就逐渐养成了做事拖拉、没有主见的习惯。在父母的娇宠下，孩子缺乏时间观念也就不足为奇。另外，由于孩子的自我控制能力较弱，容易受到周围环境的影响，所以不论是在学习，或是做别的事情时，如果有更有趣的新事物出现，孩子很快就会忘记初衷，无法专心于所做的事情。当孩子把时间浪费在无用的事情上，磨蹭的毛病也就逐渐形成了，就算有再大的梦想，也会变成空想。所以，孩子不仅要从小树立梦想，更应该用积极的态度去实践，把时间用在刀口上，这样才能获得积极向上的动力。

改变孩子浪费时间的坏习惯，要从改变教养方式开始做起，培养孩子的责任感和做事的积极性。为了避免孩子的懒散耽误学习，许多"好心"的父母都会忍不住站出来干预。就像故事中的妈妈一样，看到小明磨磨蹭蹭，就不自觉地把关注力随时放在孩子身上，一旦发现走神，立即纠正。这样的做法，不仅父母会觉得很累，也会让孩子产生时时被监控的感觉，还会孳生孩子的叛逆心理。

其实，也可以尝试"自讨苦吃"的方法，让孩子自己去体会浪费时间带来的后果。如果孩子做事总是不专心，不妨偶尔就顺其自然吧！例如：孩子回家后不及时完成作业，一会儿玩电脑，一会儿看电视，你大可装作视若无睹的样子。等到孩子第二天到学校挨骂了，自然就会"吃一堑，长一智"。这样的方法虽然有点"残忍"，但可以有效地帮助孩子树立时间观念，同时也能让孩子学会对自己的行为负责。

除此之外，要有意识地加强对孩子时间感的训练，这是防止和纠正孩子时间观念淡薄，学习效率低下的根本途径。根据每天的作息安排，和孩子一起讨论，制定出一个切实可行的时间表，让孩子学会安排时间，逐步增强时间观念。在这个过程中，父母应该淡化强权，尽量不要给孩子太多提醒，让他们真正做自己时间的主人，为心中小小的梦想而"忙碌"起来。

> ★ 父母的娇宠、代办是孩子懒散的罪魁祸首之一。
> ★ 不妨让孩子吃点浪费时间的"亏"。
> ★ 切实可行的时间表，是帮助孩子建立时间观念的有效方法。

11. 让孩子付出并经受挫折

一位妈妈来到心理门诊，想找出儿子"非常聪明，却事事不如人，社会适应能力差"的原因。"孩子小时候，第一次削铅笔不小心割破了手，你是不是以后每次都帮他削好？"听完专家的提问，妈妈略微回想了一下，然后点了点头。"孩子第一次学游泳呛了几口水，你是不是以后都不让他去游泳池了？"妈妈连连点头称是。"孩子第一次洗衣服，你觉得他没洗干净，自己抓过来重新洗了一遍，而且以后都不让他自己洗衣服了？"听着专家的提问，这位妈妈一脸惊讶的表情，除了连连点头，一个字都说不出来。"孩子大学毕业之后，你一定又托亲戚朋友的关系，帮他安排了一份工作。"说到这里，妈妈再也坐不住了，连忙站起来，用无比惊奇的口气问这位专家，"这些你怎么全知道？"专家笑着说："你什么都帮儿子做完了，他只要坐享其成就可以了。什么都不用付出就会有收获，就算再聪明的人，也不会有什么大的成就。""那以后我该怎么办呢？"懊恼不已的妈妈急切地想要知道如何改变这一切。"你有两条路可以选，一是继续帮他付出，结婚就帮他买房子、失业了就帮他再找工作、没钱就送一点给他，好人做到底。否则就是放手给他一些接受挫折的机会，让他在失败和付出中学会坚韧，这样才能逐渐独立和真正成熟。就看你自己怎么选了。"

写给家长

在孩子成长的道路上，往往都会存在一个温柔陷阱，那就是父母过分的溺爱和庇护。深陷其中的孩子，往往被剥夺了犯错误和改正错误的权利，也被剥夺了付出努力和经受挫折的机会，父母做这一切的出发点原本是因为爱，可是最后却导致了孩子心智发育的不成熟。

故事中的妈妈对孩子的关心太过了，尽管看来处处流露的都是温暖的母爱，但是溺爱不是爱，溺爱的结果将造成孩子性格的缺陷。其实，这位妈妈所做的一切，都是出自母性的本能，有许多父母都是这么做的。可是，这些关爱举动的背后，却是对孩子未来的一种扼杀和伤害。

对孩子的教育，并不是以"爱"的名义就能达到效果。孩子未来的生活，会遇到各式各样的困难，如果没有良好的心理素质，如果没有竭尽全力付出努力的决心，不仅难以立足社会，更不用说与人竞争、获得成就了。说到竞争，如今也不仅仅是知识和智能的较量，更多的是意志和毅力的较量，没有坚韧的品格，是不可能在剧烈的竞争中获胜的。付出和坚韧，是所有杰出者的特征，对孩子一生的成长都至关重要。所以，父母可以有意识地为孩子设置困难和障碍，让孩子在新的、陌生的环境里，在不熟悉的情况下，去完成新的任务。这个过程中，父母要不断地表扬孩子的每一个小胜利，以此增强孩子的信心，锻炼孩子坚韧的个性。

在教孩子学会付出努力、获得坚韧品格的问题上，我们不妨借鉴一些国外的做法。例如：在美国南部的一些学校，孩子们在毕业之前必须独立谋生一周，而且是分文未带，通过考核的唯一途径，就是付出自己的劳动。在瑞士，为了避免孩子将来成为无能之辈，父母也会从小锻炼孩子自食其力，有的甚至把孩子送到一些富人家里去当仆人，辛苦付出的劳动不仅换来了酬劳，更重要的是获得了劳动能力和语言能力。在日本，不论家庭条件如何，孩子到了一定的年龄，都会利用课余时间打工，端盘子、洗碗，什么都做，就是为了能够在劳动中收获坚韧，学会通过付出获得能力和财富。

请父母相信，每个孩子都是与生俱来的杰出者，只是要给他们一些适当的表现机会，让他们懂得付出的价值，通过这种付出培养坚韧的品格，这会让你的孩子在面对困难时，拥有无畏的勇气和信心。

★ 再爱孩子也不能剥夺他付出努力和经受挫折的机会。

★ 为孩子制造一些小问题，是培养坚韧个性的好办法。

★ 积极付出的努力，能够收获父母所不能给予的宝贵财富。

引导发掘孩子兴趣

　　孩子们都乐于参与竞争，都希望自己能在竞争中有所成就，这是他们证明自己的重要途径之一。虽然不可能人人都得第一，但每个孩子都不希望自己落于人后。一旦有竞争，就总会有人落后，这是永远都无法避免的。

　　一旦孩子发现自己成为竞争当中落后的人，心底就会渐渐产生惧怕和自卑。"我是最笨的"、"我什么都做不好"、"算了吧，我一定不行的"……孩子在经历了一次次的失败后，容易形成一种惯性思维，认为自己注定是个失败的人，进而放弃努力，一旦产生不愿意再参与到竞争中去的想法，孩子就会习惯对困难妥协，长大后就不可能成为一个成功者。

　　但事实上，每个降生到这个世上的孩子，上天都赋予了他们各种天赋。在电影《雨人》中，那个自闭症的主角却有着神奇的记忆能力和算术能力。不仅在电影中，在现实生活里，不少身有残疾的人，也拥有正常人不具备的独特天赋。残疾人正是由于丧失了某些能力，才使他们能更好地专注于自己擅长的事物。例如：聋子常常具备超出常人的视力和嗅觉。正是这种专注培养了他们的天赋，不仅使他们能像正常人一样生活，还使他们拥有了超越常人的能力。

　　从平凡到卓越，这是一个漫长的自我发现的过程。既然每个人都有上天赐予的天赋，那么在面对总是落后的孩子时，就不要一味地斥责他们，多付出一点耐心和时间，去发掘和培养他们的天赋，让孩子在未来的竞争中找回自信。

12. 比较后决胜负

　　这天，妈妈接到老师打来的电话，说她儿子东东又在学校打同学。妈妈怒气冲冲地跑到学校，揪起儿子的耳朵就开始骂，要不是老师阻止，她真想赏儿子一个耳光。对于东东这个不成器的儿子，妈妈感到很气馁，不仅成绩永远是最后一名，还是学校里的一大"祸害"，三天两头打同学，偶尔还会对同学敲诈勒索。每次一犯错，妈妈就会被传唤到学校去，早就成了常客。过去东东还会听她教训，现在则是看到她转身就走，这哪还像母子啊！妈妈不由得重重地叹了一口气。

　　就在妈妈无可奈何地看着东东的时候，体育老师走过来说："我发现东东跑得很快，应该是个好选手，可是他上课的时候总是不愿意跑，你看能不能把他送到短跑班来？"妈妈有些惊喜，居然还有老师愿意接受东东，赶忙点头。

短跑班的练习并不顺利，东东总是偷懒，不愿意多跑，也不愿跟别人说话，只喜欢在跑道旁踢石子。不过只要他跑一次，体育老师就表扬他："不错，第一次练习就能达到中上，不容易！""好的，七秒五，跟得上！""七秒三，比上一轮好，加油！"……

渐渐地，东东似乎对短跑班有了兴趣，每次都不会错过，甚至在训练结束后，还会再练习一会儿。喜欢上短跑之后的东东也不再像从前那么叛逆了，虽然妈妈偶尔还会接到老师的投诉，但东东几乎没打过同学了。看到东东的变化，妈妈心里也感到了一丝安慰。

期末时，东东的短跑成绩拿到了全班第一名，其他的体育项目也很优秀。更令人开心的是，妈妈在东东脸上看到了满足的笑容。

写给家长

很多成绩差的孩子，常常由于缺乏家长和老师的正确引导，都习惯性地认为自己很差劲。他们通常会认为自己办不好事情，也很难被其他人接受，所以对于各种活动和竞赛都不热衷。

东东正是这样一个孩子，他因为成绩差，感到自卑，所以不愿参加集体活动，不愿跟别人交流。在团体中必然存在着竞争，而这正是他想极力避免的。即使他能够跑得很快，也不愿意在体育课上表现，他已经习惯了对集体活动的逃避，因为来自周围的声音都在告诉他"你是差劲的"。

但无论如何，人总是希望获得别人的认可。东东之所以喜欢欺负同学，是因为他可以用暴力让同学认可他的"实力"，这也是他唯一找到的能让别人认可自己的方式。一旦孩子发现在某个方面可以获得认可，就会在这个方面不断努力，所以东东的行为才会变本加厉，成为学校的祸害。

可是，从另一个角度来看，东东的行为表明了被"认可"的渴望，这在每个孩子的心目中都存在着。可是许多孩子却在父母和老师的不断比较中，一次次遭受打击，最后失望地认为自己不受欢迎。一旦孩子遭受到这样的打击，就会失去前进的动力。

比较是不可避免的，它一方面可以让孩子看到自己的不足，进而改进，另一方面也可以让孩子发现自己的优点，获得自信。所以，不仅大人会把孩子拿来做比较，孩子的心里也会暗自较劲，这种比较是孩子进步的动力。东东虽然已经习惯于承认自己的落后，但仍在寻找能超过其他孩子的方式，只不过他没有找到正面的途径而已。

有很多类似的孩子，被学校和家长认为是问题儿童，当他们放弃这些孩子的时候，却没有看到孩子内心中的渴望。不过，东东算是幸运的，因为体育老师发现了他的天赋，使他终于得到了正面的认可。体育老师说东东的成绩"能达到中上"、"跟得上"、"比上一轮好"，这些话语事实上都是在进行比较，这些比较让东东认为他和别的孩子没有多大的区别，别人能做到的，他也能做到，甚至还可以做得更好。正是这个新发现，给东东开辟了一块新天地，他开始专注地训练短跑，不再用欺负同学的方式来表现自己，最后在短跑上获得了一定的成绩，也获得了大家的认可。

在比较中发掘出孩子的优点，让孩子知道"原来这个我也会"、"原来这个这么简单"、"原来我不是总是落后的那个"，这些都可以让孩子了解自己的优点。所以，父母要有善于发现的眼睛，鼓励孩子参与各种正面的竞争，通过与他人的比较让孩子找到舞台去发掘自己的天赋。不要过多地埋怨孩子的懒惰，不要为孩子的破坏行为大发脾气，鼓励孩子在竞争中发现自己的优点，鼓励孩子在自己的长处上多下工夫，孩子会得到更多正面的力量，进而成为让父母骄傲的成功者。

★ 每个孩子都希望在比较中获得认可，即便他是"坏孩子"。
★ 比较可以使孩子发现优点、弥补不足。
★ 鼓励孩子参与竞争，进而发掘自己的天赋。

13. 让孩子找到舞台

娜娜的学校要举办话剧节,班会上,大家决定表演拔萝卜的故事。娜娜是第一个被选定的演员,角色是萝卜,因为她够胖。结果出来之后,班上几个调皮的同学大笑着起哄:"娜娜当萝卜最适合,都不用化妆,直接插两片绿叶子就像了!""就是啊,那么大的体型,要拔起来确实够费力的!"接下来半节课的时间都被用来讨论娜娜的肥胖。

回到家,听完娜娜委屈的诉说后,妈妈却笑了,她说:"娜娜,你不是一直想站在舞台上吗? 这正是个好机会呀!"

"对啊,但不是去被人笑话,不是去当萝卜!"娜娜委屈得眼泪都要掉下来了。

"可为什么要一个人去扮演萝卜，而不是用道具呢？"妈妈继续问。

"可以拿我当笑料吧！"娜娜感到愤愤不平。

"人和道具有什么不一样？"妈妈耐心地问。

"人会动、会说话，道具不会啊！"

"还有呢？"

娜娜挤了挤眼睛说："哼，人会生气，道具不会！"

"哈哈！"妈妈笑着说："那你知道怎么当一个萝卜了吗？"

娜娜呆了一下，开心地笑了，"哦，我明白了，我要当一个会说、会动、还会生气的萝卜！"

后来，在娜娜的一再坚持下，故事增加了萝卜的对白，萝卜会在没被拔起来的时候笑得东倒西歪，还会奚落那些拔萝卜的人，被拔起来之后又会做出很气馁的样子。话剧节时，"拔萝卜"获得了很多的笑声和掌声，得到了第二名。最后颁奖时，作为颁奖嘉宾的校长还特别表扬了娜娜，说他第一次看到这么可爱的萝卜。

写给家长

很多人可能认为，萝卜就应该有萝卜的样子，可是萝卜为什么就不能有思想呢？正是因为娜娜赋予了萝卜思想，让萝卜变得有生命，才让整出话剧有了新意，更增添了喜剧效果，最后受到大家的欢迎。一个萝卜的改变，可以让一个话剧变得更有生机，而一个人思维的改变，也可以让他变得更为成功。

在竞争中，能获得第一的孩子毕竟是少数，而这些获得第一的孩子因为拥有自信，往往能在很多方面名列前茅。可那些永远拿不到第一的孩子呢？他们常常被大人们定义为平庸，没有突出的成绩，也就意味着他们可能在很多方面都技不如人。孩子一旦被贴上这样的标签，很可能就真的变得平庸而没有作为了。但是，如果这些平庸的孩子能像萝卜一样，突然拥有了生机,那会怎样呢?

娜娜是平庸孩子中的一员,她除了胖之外,没有什么突出的地方。很多孩子都是这样,他们没有优异的成绩,没有善于交际的手腕,为了避免被人笑话,还必须故意保持低调。这样的孩子很多,他们为了保护自己,都会努力地隐藏自己的缺点,不想被人注意。但在他们的心底却都有一个小小的愿望,就是希望某一天能站在所有人的面前接受表扬。

可是表扬并不容易得到,只有表现出色才有可能获得,但这恰恰和所谓"平庸"孩子的行为习惯不合。所以,很多孩子都选择当一个不会说话、不会动、不会生气的萝卜,当然最后就只能成为别人生活的背景,甚至不会留在别人的记忆中。想要实现心底的愿望,孩子就必须改变,找到一个适合自己展现的舞台,让自己抛弃平庸、展现生机。

在妈妈的引导下,娜娜选择了改变,在各种嘲笑和非议中,她为自己争取到了更多机会,最后获得成功。娜娜是勇敢的,她找到了一个正确的改变方法,并成功地展示了自己。由此可见,对于平庸的孩子来说,重要的是要找到机会,勇敢地把自己"推销"出去。

当然,改变并不是一件容易的事情,可是生活当中却到处都有展现的舞台。孩子不需要做出太大的改变,只需要抓住一些机会,就能够展示出自己的优点,例如:举手发言、帮老师发作业簿、打扫卫生、在体育课上做出一个完美的动作等等。有些事看起来很小,但孩子每一次的努力都会在老师和同学的心目中留下印象,这就是一次小小的展示。只要坚持在这些小事上做出改变,孩子就能够发现自己周围的好评,慢慢就会抛开平庸的惯性思维,开始变得更主动,也更愿意去展示自己。

不要认为平庸的孩子就没有出息,他们只是暂时没有找到适合的舞台而已。父母应该多花点心思,为孩子创造一个适合他们的舞台。在父母的鼓励下,如果孩子能够有勇气迈出一小步,那接下来他一定会勇敢地迈出第二步，最后登上属于自己的舞台，并展现出最大的能量。

> ★ 平庸的孩子只要勇于表现，就能拥有精彩的一面。
>
> ★ 表现的机会随处都在，不要因为是小事而放弃机会。
>
> ★ 帮助孩子顺利迈出展现自己的第一步。

Part 3

第三章
了解孩子需要的是什么

在孩子的成长过程中，不可避免地会遇到各种竞争和挑战。正如著名作家奥斯特洛夫斯基所说："人的生命似洪水奔流，不遇上岛屿和暗礁，难以激起美丽的浪花。"正是因为这些竞争和挑战，孩子才从当中获得锻炼，这不仅丰富了孩子的生活，同时也帮助孩子赢得成长的筹码。没有人能够真正平稳地过一生，也没有什么东西是真正能够独享的。因此，当孩子的生活面临竞争和挑战的时候，自信会成为他竞争意识形成的基础，健康、良好的心态是他获取最后胜利的"法宝"。

在面对问题时，人的心理状态会在行为上得到直接的反应，这就是所谓的"心态"。当孩子面对竞争，也会产生丰富的心态表现，例如：紧张、亢奋、失意、沮丧等等。想要赢得竞争，解决眼前遇到的各种问题，就需要孩子在遇到事情的时候，能够懂得沉着冷静，保持良好的心态，这样才能获得足够的自信和敏锐的判断力。

美国著名学者威廉·詹姆斯说："只要怀着良好的心态去做你不知能否成功的事业，无论从事的事业多么冒险，你都一定能够获得成功。"正如我们平常说的那样，这就是所谓的"心态决定成败"。如果孩子能够以一种积极的心态面对生活，不管遭遇什么问题，他都能够扫除一切心理障碍，拥有自信的力量。天下父母都想要把最好的给孩子。对于成长中的孩子来说，最好的不是金钱和知识，而是良好的心态和坚定的信念，只要拥有这两样东西，就意味着孩子已经拥有了一半的成功。即便离开父母的保护圈，他依旧能独自克服困难，解决问题。

新的自己从"心"出发

　　不少父母穷尽一生的努力，只为了让孩子有一天能够出人头地，拥有不凡的人生。出于传统的观念，为了让孩子达到目标，父母也深信不疑，只要努力将孩子培养成为第一，孩子就能有一番成就。

　　可是，当父母在为此不断冥思苦想，不停寻求自认为最优质的教育方法时，却忽略了另外一个很重要的问题——你是否了解孩子真正需要的是什么？你的孩子是不是对自己有充分的认识？

　　如果说，所有的孩子在一起，就是一片美丽的花园，那么每一个孩子都是这花园当中独一无二的那一株花儿。虽然远看起来，这些花儿的叶子都是一样翠绿清新，花朵都缤纷美丽，但其实他们的身上却存在着相当大的差异。作为园丁的父母，想要浇灌出世上最美的花朵，就必须要先认识他们的特性，有针对性地给予照料，这样才能找到最适合的培育方法。否则，盲目的培育不仅达不到预期的目标，反而有可能会毁掉这一切。

　　很多时候，父母会抱怨孩子愈来愈不听话，喜欢和自己唱反调。其实，当你在为孩子的这些叛逆举动大动肝火的时候，也应该感到一点庆幸，因为这表明你的孩子已经开始自我觉醒的过程，他开始长大了。说实话，这应该是一件值得庆祝的事情，因为能不能正确地认识自己、了解自己，是孩子真正成长的重要标志。

　　在孩子的成长过程中，能够正确地认识自我，无论是对孩子的发展，还是对父母的教育，都会发挥很重要的调节作用。我们常说，对孩子的教育要因材施教。能够对自己有一个正确而清醒的认识，孩子的成长才能少走弯路，在不断挑战和开发自身潜能的过程中，塑造一个全新的自己。

孩子不是冰冷的机器，可以任由父母操纵。身为父母，应该帮助孩子认识自我、了解自我，这样孩子才能展现出与众不同的光芒，从那个只会在考试中拿第一的孩子，变成你在这个世界上唯一的骄傲。

14. 别总是说"我知道了"

杨太太在一家大型的外资企业从事行政工作，因为办公室里的同事大都年龄相仿，所以平常大家在休息时间聊天时，谈论最多的就是孩子的学习情况。

每次只要期末考试过后，大家都免不了比较各家孩子的考试分数。杨太太的儿子上小学五年级，学习成绩很普通。所以，每次大家只要谈论到有关孩子的学习成绩，好强的杨太太都会默默走开，因为她总觉得孩子功课不太好，让她没脸参与这样的话题。

刚开始，杨太太还能自我安慰，告诉自己，孩子还有进步的空间。可是，时间长了，杨太太发现儿子的成绩一点进步都没有。每次一拿到成绩单，看到孩子那少得可怜的分数，总会火冒三丈，遇到工作上也很烦心的时候，她还会忍不住动手打骂孩子。

为了让孩子的成绩能够有所起色，杨太太专门帮儿子请了一个家教。老师每次来帮儿子上课的时候，他都不是很认真。只要老师讲几句，他就会说："这个我知道了。"看到孩子领悟力这么强，老师也很高兴。可是两个月过去了，儿子的成绩还是一点起色都没有。这天吃过晚饭，一家人坐在沙发上看电视。杨太太问儿子，"宝贝，老师帮你补习的时候，你老是说知道了。你确定自己真的弄懂了吗？"

"当然了，那些问题都好简单哦！"儿子满脸自信地回答。

"可是，为什么你每次考试，成绩都不是很理想呢？"

"我也觉得很奇怪，拿到试卷的时候，我一眼看过去就知道答案是什么了，唰唰唰几下就写好了。可是，等到考完之后，拿到改好的试卷，却发现好多地方都是错的。我在想会不会是老师弄错了！"

听完这么一番"解释"，杨太太终于明白儿子成绩一直上不去的原因了。

写给家长

所谓"初心"，也叫初学者之心，它是指我们在学习的时候，不管面对什么样的问题，都不应该有先入为主的观念，即便是自己心里已经略知一二的东西，也要抱着初学者的心态虚心学习。

杨太太的儿子所犯的错误算是一个通病，不仅是孩子，我们大人也经常都会犯。只要别人说到自己知道一点的问题，就会表现出不耐烦的样子，连声说"这个我知道"，然后就是一副得意洋洋的表情。其实，等到真正要去解决问题，往往才发现自己知道的那点东西根本不够。最后，只能像杨太太的儿子一样——问题"我都知道"，可是事情却总是做不好。

对于孩子的成长和学习来说，初心是非常重要的，它能够使孩子始终保持谦虚、好学的心态，从周围的环境中，汲取到可以供自己不断进步的新知识。很多时候，我们以为自己已经了解了某些东西，就会不自觉地将关于它的学习通道关闭掉，当别人再度谈起相关的话题时，就会表现出漫不经心，甚至是直接忽略或跳过。同样的，孩子之所以总是停留在原地，无法获得明显的进步，就是因为失去了这种虚心学习的"初心"，总是带着一种骄傲自满的心态，自然就会错过很多学习的机会。

"初心"的概念最早来自于禅宗，就是希望练习者能够通过不断的揣摩和锻炼，学会一种不包含预测、评判和偏见的纯朴心态。其实，每个孩子最初诞生到这个世界的时候，都是具有这种"初心"的，所以才会常常拉着父母问东问西，"妈妈，天空为什么是蓝色的？""小鸟为什么能在天上飞？""人为什么要吃饭、睡觉呢？"……孩子的脑袋里好像装着一本《十万个为什么》，总是有千奇百怪的问题。这时，父母千万不要嫌孩子问得烦，这正是他们抱着初心在认识这个世界。

想要找回初心的感觉，首先要让孩子学会观察。面对问题，不要让孩子急于下结论，即便有些东西是孩子之前就有所了解的，也要先冷静地反复观察，并且认真聆听相关的讨论。只有这样，孩子才能够有真正的收获。

当然，科技的发展使得孩子获取讯息的途径变得愈来愈方便，他们能够从网络、电视、广播、书本以及周围人的谈话中获得知识。尽管有些东西还不能够完全理解，但是聪明的孩子至少还是略知一二。每当孩子拿着那些少得可怜的知识表现得洋洋得意时，要教会孩子退后一步看问题，以便发现问题所存在的更多可能性。

要让孩子找回初心，就得让他们学会多问"为什么"。当孩子以谦虚的态度来探索问题的时候，一定能够有新的发现。父母也要多给孩子引导，孩子向你寻求帮助，请不要直接告诉他该如何做，而是要引导他自己去思考。因为，问"为什么"比问"如何做"要有用得多。

★ 初心就是以初学者的心态虚心学习。

★ 认真观察和虚心聆听是找回初心的关键。

★ 即使是知道的问题也要学会退后一步，多问问"为什么"。

15. 培养孩子的自信心

小伟是小学五年级的学生。六岁以前，小伟还和其他孩子一样可爱健康，可是六岁那年，他突然得了脑炎，爸爸、妈妈赶紧把他送进医院，命虽然保住了，但是却留下了后遗症——左腿有些跛，走起路来十分不便。

看到孩子变成现在这样，爸爸、妈妈非常伤心。可是，面对身体的残疾，小伟却表现得非常坚强，始终用一颗乐观的心来面对生活，不仅没有因为身体上的病痛退缩，反而给了爸妈很多的鼓励。面对突如其来的变故，小伟告诉自己，要学会面对现实，想办法克服身体残疾带来的不便，要更加坚强地活下去。

在家里，小伟懂事自立，不仅学习从来不用父母操心，很多生活上的事情也都是自己去做。刚开始，妈妈见他穿衣服、裤子不是很方便，就想帮他，小伟告诉妈妈，"让我自己来吧！"后来，小伟不但不用妈妈照顾自己，还经常帮妈妈做些力所能及的家务事。

自从脚出了问题之后，小伟没有放弃学业，反而比以前更用功了。他说，不希望身体的残疾影响到未来，他要用更多的努力，取得更好的成绩。通过努力，他的学习成绩始终名列前茅，再加上乐观、积极、向上的生活态度，老师和同学都很喜欢他，还推选他为班长。有时候，老师会安排学习成绩不太好的同学和小伟一起坐，他就会主动、耐心地帮这些同学补习，和他们一起进步。

尽管身体有残疾，但是小伟从未放弃努力，他用行动赢得了老师和同学的尊重，同时也给了自己生活的信心。他坚信，只要不放弃就一定会成功，相信自己会拥有一个美好的明天！

写给家长

自信是一个人对自己生活的一种态度、认识、评价和信念。如果孩子面对学习和生活的时候，能够充满自信心，那么他不仅在学业上会取得成功，更可以在日后的工作和生活中取得更大的成就，体会更多的快乐，获得更多的满足。

对于成长中的孩子来说，自信心就像是投进平静湖面的一块石头，能够引发一连串的"涟漪效应",可以使孩子获得其他优秀品质,例如:健康的心态、敏锐的判断力、良好的抗压力等等。相反的,如果孩子缺乏自信,就等同于失去了进取的动力,自然难以取得好成绩。

故事中的小伟所面临的,是很多成人都无法接受的残酷现实。可是,这个孩子却用自己的坚毅,接纳了摆在面前的问题,非但没有意志消沉,反而用一种更加积极的态度面对生活。当他不断地告诉自己"我一定行"的时候,其实就在无形中激发出身体的潜能。由此可见,不断地激发、暗示自己,可以有效地让孩子树立信心。

"让每个儿童都能够抬起头来做人。"这是前苏联教育家苏霍姆林斯基著名的教育原则。很多时候,孩子缺乏自信和产生自卑心理的原因,就是因为没有给自己正确的评价,总是喜欢拿别人的优点和自己的缺点相比。针对这个问题,父母应该引导孩子正确地评价自己,学会赏识自己,给自己积极的心理暗示,这是消除自卑、增强自信的有效办法。

美国教育家罗达·贝克梅斯特尔说:"如果我们希望自己的孩子有自信,我们就必须相信他们。"现在的孩子依赖性都非常强,再加上父母的娇宠,很容易就丧失动手的能力和判断力。苏霍姆林斯基也认为"相信孩子"是一条重要的教育主张。所以,对于父母来说,尽管孩子在你眼里永远长不大,但你应该放下那些无谓的担心,学会让孩子自己去处理一些问题。

孩子的"心"是非常敏锐的,当父母对他们怀有较高的期望时,他们就会微妙地察觉到你在态度和行为方式上的变化,进而对父母产生好感和信任,同时也可以激发自信心,产生进步的动力,最后实现父母期望的目标。因此,应该多让孩子去做一些有难度的事情,并且要放手让他们去做。也许最后的结果未能尽善尽美,但是这个过程已经充分培养孩子的动手能力,也增强了他们的自信心。

另外,心理学的研究也表明,自我暗示的力量是巨大的。如果我们暗示自己"我一定行",就会逐渐变得更有能力;如果我们告诉自己"我不行",当然就会变得愈来愈笨。所以,采用积极暗示,是让孩子增强自信的办法之一。当然,当孩子取得成绩的时候,千万不要忘记及时给予适当的评价,这对孩子自信心的树立将会发挥有力的推动作用。

"人生自信二百年,会当水击三千里。"树立孩子的自信心,会为孩子将来的人生打下一个坚实的基础。今天你给予孩子自信,明天就能成为他托起整个地球的支点。

★ 自信心能够给孩子带来更多的快乐和未来实现梦想的可能性。

★ 不断地激发和暗示可以有效地让孩子建立信心。

★ 父母的期待和信任也是孩子自信心的原动力。

累积每一个小·成功

"不积跬步，无以至千里；不积小流，无以成江海。"没有人可以像中乐透一样，突然获得从天而降的成功，再大的成就都是由一个个小成功累积而成的。

很多父母都有一个通病，喜欢骂自己的孩子："你怎么那么笨啊！"如果仅从表面上看，你的这句责备很平常，孩子好像也很羞愧。可是，永远不要忽略你的话对孩子的影响。如果这样一味地遭到父母否定，孩子就会接收到"我很笨"的自我暗示，就算他有成为冠军的潜能，也将被这一次次不经意的责骂埋没。所以，如果父母想要让孩子在奋斗的道路上有所成就，就应该多给一些积极、正面的讯息，让他们努力去创造一点一滴的成就感，并且通过这些细小成功的累积，不断提高自信心和自我认同，这样才有获得更大成功的可能。

对于孩子来说，即便是一件非常小的事情，只要能够成功，就意味着被认同。点点滴滴的成功，再加上积沙成塔的努力，就能够对孩子的未来产生巨大的推进力。不过，孩子要累积每一个小成功，父母就需要担当起非常重要的角色。

科学研究证明，孩子在三岁以前，还没有形成自我观念。这个时期的孩子，对自我的认识基本来自于父母。不管父母说什么，他们都会认为那是对的。这种情况会一直持续到七岁左右，孩子才会慢慢在大脑中形成一个关于自我的评价，逐渐建立起自我的意识。由此可见，父母的评价对孩子的成长有着非常重要的作用。父母如何激励孩子，就成为影响孩子累积成功的关键。

16. 不停地赞美孩子

对于张太太一家人来说，女儿的诞生就像是上天赐予的宝贝，给这个中年得子的家庭增添了许多生趣和快乐。盼望了很多年，真正有了孩子之后，张太太将积攒多年的爱全部放在女儿身上。在她眼里，女儿的一举一动都可爱极了，她总是忍不住想要给女儿许多赞美。还是婴儿的时候，女儿如果醒来得早，她就满脸微笑地对女儿说："宝贝，你今天起得真早。"再大一点的时候，女儿会说话了。如果哪天女儿热情地叫"叔叔"、"阿姨"，她就会夸女儿好乖，结果第二天女儿更加注重礼貌了。

上了幼儿园之后，张太太的"赞美教育"更是给了孩子无穷的信心。放学回家之后，女儿会自己动手洗小手帕，张太太总是拿着小手帕认真看上好几遍，然后连声说："宝贝真能干，洗得真干净！"遇到老师教了新的儿

歌，女儿总是会兴致勃勃地在全家人面前表演，看着女儿手舞足蹈地唱着，张太太也不停给予孩子赞美。

张太太的赞美虽然给了孩子很好的自信，可是上了小学之后，女儿的成绩一度很不理想，甚至出现了个别科目需要补考的现象。尽管很着急，可是张太太却从来不打骂女儿，也不责怪女儿笨，而是耐心地帮女儿分析，然后鼓励女儿重新做一遍。刚开始，女儿做数学题的正确率很低，可是张太太依然会说："哇，你好棒，这么难的题目都会做。"通过她的辅导，女儿的成绩有所提升，哪怕只是比上一次多做对一道题目，她也会说："宝贝好厉害，愈来愈进步了。"

不管女儿的进步有多小，张太太都会尽量夸奖女儿。正是在这样的夸奖教育中，女儿变得愈来愈有自信，学习成绩也愈来愈好。

写给家长

在日本，有一位著名的儿童教育学家做过一项研究，就是为了弄清楚孩子的成功和父母的夸奖之间，究竟是不是存在必然的联系。通过大量的研究分析，这位教育学专家发现，在类似的家庭环境中成长起来的孩子，如果经常能够受到来自父母的夸奖，那么他成才的几率，与很少受到父母夸奖的孩子相比，至少提高了五倍。由此可见，父母的夸奖对孩子的成长是何等重要。尤其是所有想要培养出冠军宝宝的家长，在这个问题上更值得深思。

教育学家陶行知曾说过："教育孩子的全部秘密，在于'相信'孩子和'解放'孩子。"可是，不少父母仍然抱着"棍棒出孝子，严责出秀才"的观点，认为严密的督促和严厉的责罚，才是培养孩子成才的有效途径。其实，所谓的相信孩子、解放孩子，也就是告诉父母，要先学会夸奖自己的孩子，因为没有夸奖就没有教育。

照理说，中年得子的张太太宠爱女儿是正常的，给女儿很多赞美也在情理之中。可是，她的赞美包含着很多理性的成分，就是想要通过不断给予女儿鼓励，让女儿找到自己的价值，并且逐步树立起自信。就算是在学习成绩最低落的时候，张太太也能够在看似糟糕的情况中，找出女儿一丝一毫的进步。当她夸奖女儿的时候，其实就是用放大镜在看女儿，无形中给了女儿努力的勇气。

看看我们的周围，很少有父母会在意是否给过自己的孩子赞美。就算是心里乐极了，父母也会装作若无其事的样子，因为担心一旦表露出喜悦，孩子会骄傲自满。而更多的时候，父母是找不到孩子身上值得夸奖的优点。如果要让父母列出孩子的缺点，每个父母都能够滔滔不绝地说上半天。可是，如果要列出孩子的优点，对父母来说恐怕就是一个艰难的任务了。

为什么总是找不到孩子的优点呢？原因很简单，因为你对孩子的期望太高了。一般父母眼光中的优秀，不仅要学习好，更要多才多艺，最好能参加比赛拿大奖。可是，这样的孩子又有几个呢？

身为父母，要时时刻刻关心孩子每一点细微的进步，每一个小小的闪光点。哪怕在你眼里只是不起眼的小事，也要真心给予孩子及时的夸奖和鼓励。这些微小的进步，或许只是小水滴，却拥有滴水穿石的能量，它们所溅起的水花，是孩子绽放的信心和自豪。

有时候，衡量父母成功与失败的标准，就是看他们究竟是挑出了孩子的优点，还是一味地把目光放在孩子的缺点上。要夸奖孩子其实并不难，重要的是父母有没有这个意识。也许你可以试着学学张太太，戴上放大镜看自己的孩子，就能更清晰地看到孩子身上的点滴成长。

★ 先学会夸奖自己的孩子，因为没有夸奖就没有教育。
★ 过高的期望值总让父母找不到孩子身上的优点。
★ 戴上放大镜看孩子，能够让你看到孩子每一点细微的进步。

17. 最糟糕的事，可能包含最美好的契机

晓峰上小学四年级了，尽管他一直很用功，可是学习成绩始终不理想，排名总在班级的后几位。每次考完试，晓峰都不可避免地遭到父母的责罚，不是打就是骂。有一次，晓峰居然考了倒数第三名。尽管儿子的学习成绩一直都不太好，但是如此糟糕的分数，还是把父母气得七窍生烟，晓峰自然也不可避免地遭到一顿狠打。气头上的父母有点失去理智了，把晓峰打得皮开肉绽的。后来，无法忍受皮肉之苦的晓峰偷偷离家出走。这时，爸爸才突然想明白，在孩子的成长中，成绩并不是最重要的。爸爸冷静反思自己过去的做法，心态开始渐渐转变，他突然发现其实孩子还是有很多优点，于是决定要改变自己的态度。

通过这次的事情，尽管双方都受到了教训，可是晓峰的学习成绩依然没有多大的改变。在后来的考试中，晓峰甚至考了全班最后一名。当他心惊胆战地把成绩告诉爸爸，做好再挨一顿打的准备时，爸爸却意外地说："太好了，你考了最后一名，这下没有负担了。"

爸爸的话让晓峰感到莫名其妙，他忍不住问："爸爸，你不要说气话。"爸爸笑着说："儿子，老爸没说气话。过去爸爸总是不知足，强迫你学习。现在我想通了，学习是你自己的事情，着急也没用。爸爸相信你是聪明的，既然考了最后一名，那就从零开始吧，爸爸相信你。"

后来的考试，晓峰的成绩排名提升了二十名。爸爸看到成绩之后高兴得不得了，"你原来是最后一名，现在居然能够一下子上升二十个位置，真是太聪明了。"看着爸爸脸上的笑容，晓峰突然获得了力量，暗自下定决心，要把成绩再提高一些。

爸爸的鼓励，再加上自己的努力，让晓峰的成绩一路飙升，升到第五名，又从第五名窜到了第三名。终于，在一次考试中，晓峰拿到了全班第一名。当他把成绩单递到爸爸面前时，热泪盈眶地说了声："谢谢老爸！"

写给家长

不管再糟糕的事情，如果能够换个角度来看，也会发现它美好的一面，找到其中暗藏的机会。晓峰爸爸就是发现了这个道理，才能摒弃之前对孩子的成见，在看似糟糕的成绩中，把握住孩子一点一滴的进步，用发自内心的鼓励，让孩子有了重新出发的勇气。

当然，故事中的例子也许只是特例，并不代表对每一个学习成绩不好的孩子都有效。但是，它至少说明了一个道理，父母的鼓励是促进孩子成长和提升的方法之一。就算情况看起来已经是一塌糊涂了，但是因为有了父母的支持和鼓励，孩子随时都可以站起来重新出发。因为孩子在欣赏的言语中会知道，父母对他仍然怀抱希望，依然和自己站在一起，这就是信心的来源。

孩子的成长难免会遭遇到困境和挫折，在这样的时候，父母往往会因恨铁不成钢，给孩子很多消极、否定的评价。"你怎么这么笨"、"我看你是猪变的，这么简单都不会做"、"再努力也是白费，我看还是算了吧"……这样的话不仅无法改变现状，反而会增加孩子的挫败感，让他愈来愈不相信自己。

要让孩子能解决问题，获得积极快乐的成长，就要学会多肯定和鼓励孩子，多给孩子一些积极、正面的评价。有时候，身为父母的我们，要学会换个角度看问题，不要只把目光放在结果上，要多去看看过程，发现孩子在这当中所付出的努力，以及与以往相比所取得的进步。就算结果跟你料想的相去甚远，但孩子的努力所获得的也并非一无是处。你需要找出孩子在这个过程中的闪光点，避重就轻，放大孩子的这些进步。这样，可以帮助孩子摆脱失败的恐惧，从失败中汲取教训，重新拾起信心和勇气。面对父母的批评，不要以为孩子表面上无动于衷是厚脸皮的表现，其实在幼小的心里，也会暗自反省。和成年人相比，孩子更容易受到失败的影响，产生消极的情绪。如果孩子长期生活在这样挫败、消极的情绪中，对他们的成长非常不利。所以，想要帮助孩子建立自信，就要多鼓励他们。只有不断得到鼓励，才能淡化失败带给孩子的挫败感，获得安全感和自信心。

现在的孩子集万千宠爱于一身，适当地受一些挫折，可以锻炼他们的意志。但是，锻炼的程度必须要掌握好。毕竟孩子年纪还小，他们幼小的心灵还需要多一些鼓励。所以，父母们要学会放低自己的期望值，多看看孩子身上的进步，用一种乐观的心态看待孩子所犯的错误。就算孩子某件事情错到底了，但是至少他获得了一次锻炼的机会，吸取到了教训，这也算是另一种收获吧！

★ 一味地否定会增加孩子的挫败感，让他愈来愈不相信自己。

★ 多给孩子一些积极、正面的评价。

★ 再糟糕的事情也能给孩子带来教训和经验。

18. "你做得很棒" PK "你真聪明"

这天的美术课上，老师要求大家画一幅春雨图。所有的孩子都画得很认真，就连平常调皮捣蛋的小林，也一脸专注地在画纸上涂抹着。看着平常吵吵闹闹的小林突然这么认真，老师忍不住凑上去看，发现他的画是所有小朋友中最特别的。在小林的画笔底下，春雨变得五彩斑斓，把大地染得像彩虹一样美丽。五颜六色的雨水落在屋顶和地面上，溅出了非常美丽的水花，再加上河流和花草，简直美极了。

"小林，你真聪明。"老师俯下身和小林说。

小林有些惊讶，他先是愣了一下，然后淡淡地说了句"没什么"，又埋头画了起来。

"老师每次夸小朋友都是用这句，跟没夸有什么区别。"小林一边在心里默念，一边继续画画。

这样的反应让老师意识到自己的唐突，她俯下身专注地看小林画了好一会儿，然后用手轻轻摸摸他的脑袋，满脸微笑和诚恳地说："老师觉得你画得非常好，跟其他小朋友的完全不一样呢！真棒。"

小林停下笔，回过头看了老师一眼，老师又继续说："其他同学都用蓝色来画春雨，只有你能用各种颜色来画。老师很想知道这么棒的想法是怎么产生的。可以跟老师讲一讲吗？"

小林略微想了一下，然后小声地说："我很喜欢下雨，觉得雨的声音很好听。可是，雨是透明的，一点也不好看。要是雨也能有各种颜色，我就会更喜欢雨了，所以我把它画成五颜六色。"

"真是个了不起的想法！你做得太棒了！"老师特意提高声音赞美道。

后来，老师把小林的画展示给小朋友看，并赞扬了他的想法。当同学也对此发出赞叹，并将惊讶的目光投向他时，小林的眼中闪现出从未有过的自信光芒！

写给家长

所谓特长，就是孩子身上的闪光点。父母要善于捕捉孩子的这些闪光点，并且能够毫不吝啬地给予赞美。当你真心去赞美孩子的特长时，他们幼小的心灵会产生满足感，这会促进他们更加全面地审视自己，发现自己的优点和缺点，有助于树立信心，发挥内在的潜能。

在绘画课之前，小林在老师和父母的眼里，只是一个令人头痛的调皮鬼。在习惯了对自己不太好的评价之后，恐怕连小林都会认为自己一无是处，就是一个喜欢捣蛋的"坏学生"罢了。可仅仅是一幅画，却展现出小林与众不同的联想力。尽管老师给了小林一句"你真聪明"的评价，但这不过是所有的小朋友都得到过的赞美。在小林看来，这根本就算不上真正的称赞，他需要的是老师能真正看到他的特长。所以，当老师后来给予他真诚的赞美时，一句简单的"你做得太棒了"，却正是小林所要的真正赞美，让他意识到自己也可以是优秀的，也可以获得父母和老师的肯定。在孩子看来，没有比这更好的褒奖了。

每一个"望子成龙"、"望女成凤"的父母，都给自己的孩子定下了不低的目标，却又总是吝啬于赞美自己的孩子。在许多父母的传统观念里，教育就应该是板着脸的事情，却忽略了赞美所能带给孩子的神奇变化。要知道，适当地称赞你的孩子，比板着脸说教更加有效，它不仅能让孩子发现自己的优点，也让孩子更能接受别人的意见，暗暗开始努力完善自己。所以，父母不仅需要学会夸奖孩子，更要善于夸奖孩子。

清代教育家颜元说过"数子十过，不如奖子一长"。对于人格品质尚在塑造当中的孩子来说，父母的赞美有利于他们行为习惯和道德品质的形成,因为这是他们辨别对错的唯一标准。更为重要的是,当孩子得到父母的赞美,可以强化孩子获得的成功体验,增加孩子的价值感、信任感和自信心。这一连串的良性情绪体验,会激发孩子为了再次获得夸奖继续努力尝试和探索的热情。

可是,如果你只是轻描淡写的夸奖一句"你真聪明",孩子敏感的内心可能会感受不到强烈的荣誉感。原因很简单,"你真聪明"好像已经成了大人对孩子的习惯性用语,而父母在说这句话时,也几乎是抱着敷衍的心态。不同的是,"你做得很棒"针对的却是孩子的行为,在赞赏孩子所取得的结果的同时,也对孩子努力的过程给予了充分的肯定。这样一来,会让孩子产生被重视的感觉,父母的夸奖自然能够带来更多的积极效应了。赞美并不是一定要给孩子实物的奖励,言语的鼓励同样能够给他们的生命带来奇迹。不管在什么样的状态下,尽量不要带着敷衍的表情跟孩子说"你真聪明",孩子们需要的是来自你真心实意的赞美,一句"你做得很棒",是对孩子最好的褒奖和肯定。

★ 父母的赞美能让孩子全面地审视自己,树立信心。
★ 对于孩子来说,"你做得很棒"是比"你真聪明"更具诚意的夸奖。
★ 一句"你做得很棒"肯定的不仅是结果,更是孩子努力的过程。

19. 成功记录本

展鸿的妈妈是图书馆的管理员,出于职业的习惯,她总是喜欢把家里的东西分门别类地放好,并且还自己做了漂亮的标签,这样要用的时候,找起来十分方便。从展鸿上幼儿园开始,妈妈就悉心搜集他成长的点点滴滴。尤其是展鸿曾经获得的各种荣誉，妈妈更是细心地在书房开辟出专门的地方，作为展示的专区。从幼儿园时获得的小红花，到后来的各种奖状、证书、奖杯，甚至每次考试的成绩单，妈妈都会一个不落地放进展示区。每当家里有客人，妈妈总会带着他们到这里参观。说起每件物品的来历时，妈妈更是如数家珍，脸上写满了骄傲的表情。

展鸿也没有让妈妈失望，除了学习成绩优秀之外，各方面的综合发展也很好。可是，到了高中阶段，展鸿的成绩开始慢慢退步。有很长一段时间，无论展鸿如何努力，成绩始终处在中下位置，自然也就更没有心思参加其他活动了。

有一次考试，展鸿的成绩非常不理想。回家之后，他把自己关在书房里，无论爸妈怎么叫都不开门。想到自己每下愈况的成绩，懊恼的展鸿感觉很失败。可是，当他抬头看到妈妈用心收藏的那些他曾经获得的荣誉时，心里立即又充满了力量。

展鸿在心里告诉自己："既然过去我可以那么优秀，今天和以后也依然可以。"此后，调整了学习方法的展鸿，又慢慢找回了当初的自信，最后考上了国外一所著名的大学。

写给家长

面对竞争激烈的社会，我们每个人都应该有正确的竞争意识。当我们在面对生活中的各种挑战时，能力和方法未必是最重要的，自信心往往才是制胜的关键所在。对于很多父母来说，如何培养孩子的自信心，成了很棘手的问题。其实，最简单的方法，就是让孩子能够体验到成功的喜悦，因为我们的自信心大都来自于成功的累积。

妈妈搜集展鸿的奖杯、奖状、证书、成绩单，除了出自于职业习惯之外，更是源于作为母亲的本性。天下父母都一样，希望儿女成才，总会小心翼翼地保存那些曾经让自己骄傲的东西，尤其是孩子曾经获得的荣誉。所不同的是,展鸿妈妈做得更仔细而已。

　　每个人都会有遇到阻碍的时候。我们能够想象,当挫败感袭来的那一刻,如果能够看到自己曾经那么优秀、那么成功,比有个人在你耳边絮絮叨叨地安慰要有效得多。孩子的世界也是如此,也许他并不记得那些过往的事情,可是父母用心的记录和整理,却可以让孩子在看到时,感受到往日那份成功的喜悦。那些记录着点滴成长的物件,在无形当中给了孩子自信。

　　在适当的时候,让孩子回头看一看自己曾经获得的成功,并且引导孩子反思这一阶段自己最大的优势和潜能以及不足之处,更有助于他们完善自己各方面的能力,发现自己的闪光点和特长、潜能,进而激发学习兴趣,以获得学习的成就感和情绪的愉悦感。

　　对于父母来说,所谓的“成功记录本”并不一定要做成一个小本子,写下孩子在某年某月某日获得的成绩,而是希望你能够用心记录孩子在成长路上的每一次进步,哪怕只是小小的一步,当孩子某天回顾时,也会激起无限的惊喜和自豪。

　　总之,孩子的成长需要点滴的累积,父母要帮助他们记住每一次成功、每一点进步和每一个闪光点,让孩子在这些成长记录中发现自我、激励自我、欣赏自我、反思自我,满怀信心地走好人生的下一步。

> ★ 让孩子体验成功的喜悦是建立自信心最简单的方法。
> ★ 父母比孩子更应该记住孩子的成功。
> ★ 哪怕只是成长路上细小的进步,也会激起孩子无限的惊喜和自豪。

天生我才必有用

俗话说："天生其人必有才，天生其才必有用！"每个孩子都是聪明的，每个孩子都会拥有某一方面的潜能，当然也会有相对弱势的地方。因此，父母在看待自己的孩子时，要学会正视并且善待孩子之间的这种差异，去发展孩子身上的优势，使孩子的潜能得到开发，这样才能促进孩子健康成长，让孩子在平凡的人生中活出精彩的自己。

在这个过程中，父母要学会给孩子搭建表演的舞台。孩子年纪虽然不大，但是也会有自己独特的思维。当生活中面临一些问题时，父母不要总是急于说出自己的观点，要给孩子表达的空间，让孩子自由地去思考、去说，让孩子有表达自己意见的机会。

当孩子渐渐长大，他们的内心也开始渴望能够得到周围人的认同，所以还要给孩子一些动手实践的空间。把一些力所能及的事情放心交给孩子，给他一个锻炼和实践的机会，不但可以提高孩子的动手能力，还能让孩子证明自己已经长大，可以为家庭、为父母分担一些事情，更有助于孩子自信心的建立。

父母总是对孩子充满期待，尤其是看到别人优秀的孩子时，总会忍不住埋怨自己的孩子一无是处。且不说这样的抱怨对孩子的成长毫无意义，更重要的是会伤害到孩子的自尊心。当你用羡慕的眼光看着别人的孩子时，是否曾试着把焦点放在自己孩子的身上，发现他的一些闪光点，并且给他一个表现的机会和表演的舞台。

生活中有太多的例子，一些在临床医学中被认定是身心障碍的孩子，依然可以在某些方面展现出令人惊讶的才能。永远不要轻视自己的孩子，即便他今天看起来只是一颗不起眼的小石子,经过耐心的孕育和培养,也可以成为耀眼夺目的珍珠。只有给孩子表现的舞台,才有机会挖掘出孩子的天赋。

20. 不要强迫孩子

　　莉莉是个六岁的小女孩,长得乖巧漂亮,周围的街坊邻居都非常喜欢她。每次放学回家的路上,莉莉都会用甜甜的声音跟每个遇到的邻居打招呼,真是可爱极了。有这么一个可爱又懂事的女儿,妈妈自然就成为大家羡慕的对象。

　　最令妈妈骄傲的,是莉莉从小就有非常好的音乐天赋。还在牙牙学语的时候,只要妈妈放音乐,莉莉就开始扯着小嗓子跟着啊啊乱叫,一边唱还一边手舞足蹈。再大一点,她就能够跟着音乐学唱歌了,一首歌只需要听几遍,就能完整地记下来。妈妈经常在下班回家时,发现莉莉拿着玩具话筒,自己站在镜子面前陶醉地表演着。可当她看到妈妈之后,就立即躲到房间里了。

　　这天,妈妈的几个朋友带着孩子来家里作客。一阵闲聊之后,大家的话题就开始围绕着孩子展开了。其中一个妈妈说自己的孩子刚学会了跳舞,要让他表演给大家看看。这个孩子很大方,妈妈一叫,就立即跳了起来,还赢得了妈妈们一阵热烈的掌声。

　　后来,几个孩子都陆续表演了自己的节目,最后就只剩莉莉没有表演了。"好了,现在该我们家莉莉表演了。你们不知道,我们家莉莉可会唱歌了,今天要好好给阿姨们露一手。"妈妈得意地说着,然后叫莉莉站起来唱歌。

　　可是无论妈妈怎么叫,莉莉都坐在沙发上不肯起来。妈妈好说歹说地劝了半天，莉莉都无动于衷。最后，妈妈生气地一把拉起莉莉，让她站在中间。"你这孩子怎么回事，平常一个人在家里唱得那么开心，让你表演一下就这么难了。赶紧唱一个！"莉莉的表现让妈妈觉得很没面子。

站在中间的莉莉始终没有开口唱歌，小脸涨得通红，最后竟然哇地一声大哭了起来，跑到房间里怎么都不肯出来了。从此以后，妈妈再也没有听到过莉莉的歌声，活泼外向的莉莉也变得愈来愈内向了。

写给家长

谈论自己的孩子，是父母们聚在一起时永远的话题。只是，当你滔滔不绝地向别人夸奖自己的孩子时，究竟是发自内心地赞赏他们？还是只是让孩子又一次地充当了大人们暗自较量的筹码？

平心而论，大多数的时候，父母让孩子表演自己的特长和才艺，仅仅是想要通过这样的方式向别人炫耀，炫耀自己的孩子更聪明，炫耀自己教子有方。可是，当你把孩子推出去的时候，是否考虑过他们的感受？

尽管我们说要给孩子表演的舞台，让他们有机会展示自己的特长，但这并非意味着父母可以强迫孩子去做他们不愿意做的事情。每个孩子都有不同的性格，那些性格内向的孩子，就像是含羞草一样，即便心里有非常强大的表现欲望，依然会胆小、害怕，不敢在很多人的注视下表演。遇到这样的状况，父母可以尽量引导，但是千万不要把孩子硬生生地推出去。

看得出来，故事中的莉莉其实很爱唱歌，她只是缺乏在众人面前表演的勇气而已。当莉莉站在众人之间，所有人都把目光焦点放在她身上的时候，人的本能会让她变得紧张。再加上妈妈硬拉的举动，在无形中给原本就已经非常紧张的莉莉制造了更大的压力，自然就失去了表演的信心。另外，当着其他人的面被责备，莉莉的自信心也受到打击，最后当然就只能以大哭尴尬收场。

所以，对于有表现欲望的孩子，或者是想给孩子表现机会的父母，应该给孩子留一些适应的空间。可以让孩子多参加集体活动，鼓励孩子与人群接触，在轻松快乐的环境中，自然地展现自己的才能。

孩子的信心是需要慢慢培养的。有时刻意制造机会，鼓励孩子表现自己的特长，可以帮助孩子克服恐惧的心理，逐步树立自信心。当孩子不想表演的时候，你甚至可以跟他们一起站上舞台，用行动表明你的支持。慢慢地，孩子会发现，原来这并不是一件太困难的事情。如果能够及时给予孩子鼓励和夸奖，孩子当然就会愈来愈有自信了。

小时候比可爱，上学了比成绩，工作之后比待遇，这些都是父母炫耀的资本。"望子成龙，望女成凤"，这是天下所有父母的愿望，无可厚非。但是，因为想要让自己脸上有光，而不顾孩子的感受，盲目地把孩子当成你的展示品，只会给孩子造成伤害。强迫孩子在大家面前亮相，会让孩子觉得，你只是重视自己的尊严和面子罢了，根本不在乎他的自尊心。

再好的表演，在紧张的情绪下，都有可能变成一场噩梦。所以，不要强迫你的孩子，想办法让孩子放松，他们或许会更愿意展示自己。

★ 孩子的优点和才能都不应该成为父母相互比较的筹码。
★ 给孩子引导和鼓励，而不是硬生生地把他们推出去。
★ 强迫是对孩子的伤害。

21. 倾听孩子的世界，并向他讨教

吴妈妈有三个孩子，每天吃饭时的秩序成了她最头疼的问题。每当吴妈妈宣布开饭了，三个孩子不管在做什么，都会立即放下手里的东西，迫不及待地冲到妈妈身边，你推我，我挤你的，乱成一团。

为了弄清楚孩子们争抢的原因，这天，吴妈妈和家里的这些小淘气们聊天。

"你们为什么吃饭时总爱挤来挤去呢？"

"我想排第一个！"孩子们的回答很一致。

这第一怎么会有这么大的魅力呢？吴妈妈接着问："坐第一个和最后一个位置有什么不同吗？""排在第一个就能挨着妈妈坐了"、"能先夹到好吃的"、"吃完之后能第一个去玩"……吴妈妈刚一问完，孩子们就迫不及待地发表自己的意见。

真没想到，在这小小的"第一"中还有那么多的含义！看来孩子的小脑袋中还真藏着不少秘密，等着大人去发现。听完孩子们的话，吴妈妈才发现，站在孩子们的角度，用孩子们的眼光来看这个第一的位置，原来有这么多的好处。这个位置有太多的"利益"，而这些"利益"对还未上学的孩子来说，又确实很具诱惑力。那么，有什么办法能让他们主动放弃这样诱人的"利益"而互相谦让着排队呢？

"大家都想排在第一个，可第一个又只能有一个，我们怎么办才能让大家不争不抢呢？"吴妈妈想了一下，决定向孩子们求助，看看他们有没有什么好的解决办法。

"看谁的表现好，就让谁排第一个。"大儿子首先想了个办法。

"我们三个人可以轮着排第一，今天大哥排第一个，明天该我，后天再轮到妹妹排。"二儿子想了一下，也表达了自己的想法。

"可以让进步最大的小朋友排第一个。"小女儿笑着说。

孩子们的话让吴妈妈茅塞顿开。果然，采用他们提出的办法之后，三个宝贝再也没有乱挤过了。

写给家长

我们一直都在强调，父母要学会真正了解自己的孩子，尽管了解孩子思想的途径很多，但是倾听孩子是其中最有效的方法。

正如故事中所展现的一样，很多父母眼里的小事，在孩子看来，却有着截然不同的意义。如果一味地按照成人的眼光看待孩子的世界，也许只会让事情变得更不愉快，因为孩子的每一个举动自然有他的想法。面对让你困扰不已的孩子，你大可以像吴妈妈一样，暂时放弃控制的欲望，听听孩子的想法，向孩子请教一下，看看他们在面对同样的问题时要如何处理。在解决孩子的问题时，一定要听听孩子的意见，因为孩子的方法有时比大人的方法更适合解决孩子的问题。

即使再忙碌，父母都应该排出一定的时间，来倾听孩子的心声，了解孩子的看法。很多时候，和孩子在一起，安安静静地听听他们在说些什么，把这段时间的支配权完全交给孩子，不仅可以让你忘记工作上的烦恼和疲惫，也能让你和孩子的关系更加融洽。最为重要的是，在你专注倾听的过程中，孩子有了充分表达自我的机会，这份尊重会让他感受到自己作为家庭成员之一的责任感,在无形中给了孩子自信和勇气。

除此之外,学会倾听孩子的世界,可以加深他们对父母的信任。当你全神贯注地听他们说话的时候,孩子对你的信任感会迅速增强。与此同时,父母的关心也会让孩子产生安全感,会更容易向你表露心迹,坦诚地说出自己面对的问题和心里的想法,因为无须掩藏,自然就愿意把那些他们认为很重要的事情拿出来和你交流。当这种有效的沟通成为习惯,孩子会愈来愈依赖父母,这完全出自于对父母的信任。

很多时候,孩子的表达欲望比成人要强很多。可是,在现实生活中,每当孩子试图对某些事情表达自己的看法时,父母往往会很不屑地丢下一句话:"你还小,你不懂。""大人说话,小孩子别插嘴!""老子吃的盐比你吃的米还多,还轮得到你教我?"……诸如此类的话,简直快成为父母的口头禅了。

当你用身为父母的权威堵住孩子嘴的同时,其实也在打击孩子的自信。不要以为孩子年龄小,就可以轻易否定他们的话。孩子希望表达他们的观点,说明他也用心在观察,这是非常值得鼓励的事情。哪怕孩子接下来说出的话会让你啼笑皆非、匪夷所思,也要先给他们表达的机会,并且要认真地聆听。认真对待孩子的意见,不仅是对他们的尊重,同时也是对他们的鼓励。在你期许的目光中,孩子更愿意说,并且会说得更好。

每个人都渴望自己的世界能够被理解,孩子也是一样。用心倾听,是父母与孩子之间建立爱和信任的最好方法,也会让你的孩子愈来愈有自信。

★ 倾听是了解孩子的最佳途径。
★ 孩子想出来的方法更适合解决孩子自身的问题。
★ 学会倾听孩子的世界,可以加深他们对父母的信任。

Part 4

第四章
孩子的世界由小大人做主

人和动物最大的区别，就是人比动物更具有创造性。古人看到鸟儿在天上飞，也想长出翅膀飞翔，在经过了几千年的不断实验之后，人类借助飞机飞上了天空，更飞进了太空，未来更可能在太空中建立起适合人居住的空间。那些古代人天马行空的想象力，通过人类的创造力一步步地实现了。所以，创造力就是人类进步的方式，具有创造力的人正是带领着人类进步的人。

不要认为创造力有多神奇，其实它是每个人天生就具有的能力，特别是对于婴幼儿来说，他们的思想没有任何的框架，不会受到传统和习惯的束缚，自然也就更具创造力。美国创造性思维研究专家托伦斯发现，三至五岁是孩子创造性能力的高速发展时期，而五岁以后有逐渐下降的趋势。通常家长和老师都认为，这些学龄前孩子正是玩耍的年龄，他们的生活就是玩耍，因此不会对孩子在游戏中做出的任何"奇怪"行为进行干扰。但是从孩子进入小学开始，就会被要求按照成人世界的一连串规矩做事。一旦孩子突破这些规矩，家长和老师就会出面干预。在这样的干预下，孩子不得不放弃那些天真的想象力，创造力也由此开始逐渐下降。

当今社会，谁能走在社会的最前面，谁就是这个社会的领导者。一个循规蹈矩的孩子，只会是社会的跟随者，他与成功的距离将永远是遥不可及。正因为如此，我们才要去保护和引导孩子的创造力，它们不仅可以为孩子的生命带来奇迹，更会成为孩子成长道路上一笔宝贵的财富。所以，父母应该鼓励孩子试着打破常规，用他们的头脑不断去创造惊喜和精彩，这才是让孩子在竞争中出奇制胜的法宝。

让孩子自己动手

在大多数家长的心目中，孩子是如此弱小，他们对这个世界一无所知，缺乏在这个世界生存的能力，所以要小心呵护，不能让他们受到伤害。因此，当孩子想要爬行的时候，他们会说："太脏了，来让妈妈抱。"当孩子想走路的时候，他们会说："宝宝，来牵着爸爸，否则会摔跤的。"当孩子想拿汤匙时，他们会说："哎呀，别贪玩了，你还不会用，让妈妈喂。"等孩子再长大些，他们会拿走孩子手里的拖把，会用玩具换走孩子面前的抹布，会让孩子看着自己叠衣服而不让他们帮忙，孩子画画时他们会说这样画是错的，孩子折纸时他们会抢过折纸折给孩子看……大人们的理由很简单，孩子还小，他们不会做这些事，而且还会把事情做得一团糟，他们还需要学习。

确实，有不少家长教出了很乖的孩子，他们不爱说话，见到陌生人会在父母的指导下打招呼，吃饭时彬彬有礼，吃完饭后会乖乖地坐在椅子上看着大人，不会四处淘气。于是大家见到这样的孩子会惊呼，这孩子真有教养！

或许这正是很多家长梦想中的好孩子。但事实上，他们不过是不给家长制造麻烦的孩子而已，同时也是被家长剥夺了思想的可怜孩子。这些孩子大都做事死板，不懂变通，一旦事物超出常规就无法应对。在变化如此迅速的现代社会，这样的孩子很难成为出类拔萃的人物，也许永远只能跟随别人的脚步去生活。

如果不想让孩子仅仅做社会的跟随者，就让孩子自己动手吧，别过多地干预他们，你会发现孩子会做出许多令人惊喜的事情来。

22. 忍住"代劳"的想法

老师帮孩子准备了DIY作业的材料，让孩子回家做一顶帽子。

妈妈翻开晶晶的课本，发现书上有帽子的范本，只要照着书上的样子填上颜色，再剪下来粘住边，就成了一顶漂亮的帽子。于是，妈妈找来剪刀，她让晶晶自己填上颜色，然后就去厨房做事情了。过了一会儿，等妈妈回来时，晶晶正噘着嘴。

"怎么办？都跟书上的不一样了。"晶晶指着一条横纹，她把颜色上错了。

妈妈拿过书来看了看，仔细剪掉画错的一块，再用纸补上，涂上颜色后，几乎看不出来。晶晶开心地拿起剪刀把模型剪了下来，再粘上，一顶和书上一模一样的帽子就诞生了。

小林也在家里做这项作业，他正在往帽子上涂上各种颜色。妈妈看了看，竟然和书上的不一样。妈妈指着一块土黄色的地方问小林："为什么涂这个颜色？"小林指着帽子说："这里是土地，所以是黄色的。这里是田，所以是绿色的。这里是天空，所以是蓝色的。这里是白云，所以是白色的。"听了小林的回答，妈妈说："这个真漂亮！"

虽然颜色没有书上的原画艳丽，可是小林很满意自己的作品，急忙把帽子剪下来粘上了。突然妈妈指着天空那块地方说："哎呀，这里被剪破了，怎么办？"小林拿着帽子看来看去，然后拿起笔在剩余的纸上画了一个带着笑脸的红太阳，然后把太阳剪下来贴到被剪破的地方。小林拿起帽子递到妈妈面前，开心地说："我的天与地帽子！"

第二天在学校里展示DIY作品的时候，同学们一下子就发现了小林的帽子，因为它最独特。

写给家长

作为最接近孩子的教育者，父母通常认为自己应该随时指导孩子，以免孩子做错，所以他们花很多心思在孩子身上。孩子没把事情做好，他们会告诉孩子怎样做才是对的；孩子做错了，他们会做给孩子看；孩子不知道该怎么做的时候，他们会毫不犹豫地告诉孩子。

晶晶的妈妈正是这样的家长，她担心晶晶做不好作业，不能受到老师的表扬，甚至会被同学们笑话，所以每次都认真辅导晶晶，希望晶晶的作业簿上都是满分。时间一长，晶晶已经习惯了对妈妈的依赖，也习惯了由妈妈告诉她答案，即使是DIY作业，她也会以书上的答案为标准。所以，晶晶只喜欢跟书上一模一样的帽子，一旦出错，就不知道该怎么办。或许晶晶的作业每次都能得到满分，但那并不代表她的实际能力。如果妈妈不在身边，晶晶又该怎么完成她的作业呢？

我们经常会遇到这样的父母，当我们蹲下身来问孩子："你几岁呀？"孩子的妈妈会在他身后说："五岁了。"我们又问："你叫什么名字呀？"孩子的妈妈又在孩子身后说："告诉阿姨你叫天天。"有些时候，小孩会重复妈妈的话，有些时候，孩子则自顾自地，完全不理会妈妈的提示。这些孩子真可怜，大人不断地灌输自己的想法，被剥夺了"思考"的权利。

假设身边有个人老是帮你回答问题，你还会有说话的兴趣吗？当然不会。长期被剥夺自主权利的孩子，会变得懒得思考，反正任何答案都有人帮他们回答，完全没有思考的必要。一旦出现问题，只要抬起头望着父母，问题就能解决。一旦孩子养成这种"惰性思维"，不要说拥有创造力了，就连起码的生活和学习都很难应付。

所以，父母一定要忍住帮孩子代劳的念头，遇到问题先让孩子自己想办法，或许就会发现孩子有很多出人意料的表现。不过，不代劳并不等于对孩子放任自流、不管不问，尽管孩子不需要被填鸭，但也不能被漠视，他们需要的只是"引导"而已。

小林那顶独特的帽子,跟妈妈的引导是分不开的。妈妈通过适时地提问,让孩子的想象力变成了创造力,使孩子的行为变得更有针对性和目的性。如果没有妈妈的引导,或许小林不会想到这个帽子有什么特殊的意义,他的想象力和创造力也不会在心目中留下深刻的印象,创造力就不可能变成一种能力。

父母对孩子的担心都是源自本能,这是无可厚非的。但是,没有谁能够帮助孩子把一生的事情都做完。所以,如果想要孩子有更多出人头地的机会,就要放下你即将伸出的援助之手,即便是他接下来会犯错、会摔跤。不要急着为孩子包办一切,因为体验才是最好的老师,相信聪明的孩子一定会用自己的想象力和创造力去解决问题。

★ 过度的指导会让孩子产生依赖性。

★ 不要急着帮忙,先看孩子有没有解决的办法。

★ 不代劳不等于不管孩子,而是要懂得如何引导孩子。

23. 孩子的"捣乱"是一种学习过程

这天,妈妈接莎莎放学回家的时候,莎莎满脸兴奋地说:"妈妈,以后你不用再帮我穿衣服了。"

妈妈有些惊讶:"老师教你怎么穿衣服啦?"

莎莎笑着说:"老师说我们长大了,可以自己穿衣服了,所以明天我要自己穿衣服。"

"好。"妈妈应付地答道,她心里有些不安。莎莎还太小,根本就不会穿衣服,平时帮她穿衣都不老实,要她自己穿实在不可能。妈妈想,或许莎莎睡一觉就会把这件事忘了。

第二天起床，妈妈照例要帮莎莎穿衣服，莎莎推开妈妈的手说："妈妈，老师说了，要我们自己穿衣服！"说完，莎莎自己拿过衣服。从来没有自己穿过衣服的莎莎连袖口都找不到，妈妈不得不来帮忙。正当妈妈伸出手的时候，莎莎转过身子躲开了，还大声地嚷道："我自己会啦！"妈妈只得无奈地看着莎莎在床上和衣服做斗争，一会儿袖子穿反了，一会儿把衣服扭在一起了。

"哈啾！"莎莎打了个喷嚏，妈妈的神经一下子紧张起来，一把抓过莎莎的衣服，同时抓起莎莎的手，开始帮莎莎穿衣服。

"我自己可以啦！"莎莎挣扎着说。"感冒了怎么办？你都打喷嚏了！"见妈妈不理会自己的要求，莎莎用力地打妈妈的手。最后，妈妈急得一巴掌拍在了莎莎的身上，莎莎"哇"的一声哭了，妈妈一边努力帮莎莎穿衣服，一边叹气，这孩子什么时候才能不让我操心啊！

写给家长

　　很多父母都不能接受孩子做得不好，他们总是希望等到孩子长大些，多经过一点训练之后，再让孩子做些力所能及的事情，认为这样才叫循序渐进。在这些父母的观念中，孩子做得不好，当父母的就一定要帮助他们，这样孩子才能安全、顺利地长大。

　　明明毛巾已经叠好了，孩子可能会把它们弄散，又乱七八糟地把它们堆在一起，还兴奋地拉着妈妈去看自己的成果，得意地说他会叠毛巾了。垃圾明明已经扫成一堆，孩子可能还会拿着扫把把垃圾统统扫开，他们会看着妈妈生气的脸笑，继续把垃圾扫到角落里去。恐怕大多数的父母都曾为这样的孩子抓狂吧！原本有秩序的生活，因为孩子的捣蛋完全打乱了。于是，父母会抢过孩子手里的扫把，暴风骤雨地吼道："别淘气了！""这个你做得好吗？""看你弄得一团糟！""干吗这么调皮，给我坐到沙发上去！"或者把孩子拎到角落，罚他面壁思过。再不然，就干脆给孩子两巴掌，以解心中之气。

　　看着委屈哭泣的孩子，家长心里又满是无奈：该拿这些调皮的孩子怎么办？他们什么时候才能学得乖？孩子什么时候才能长大？然而烦心的家长有没有想过，孩子为什么会淘气？他们真的是故意在捣乱吗？

　　当孩子还是婴儿的时候，他们最开始不会爬行，对周围的环境充满了好奇。为了去看这个奇妙的世界，他们会扭着身子，蠕动着前进。虽然很困难，但是他们却在努力。其实大部分的父母都知道，应该放手让孩子去锻炼，即使跌倒，也要鼓励孩子自己走路，可是一旦等到孩子长大一些之后，父母就这不许、那不许了。

　　俗话说："金无足赤，人无完人。"成长中的孩子的确会存在很多"毛病"，尤其是看到别人的孩子乖巧、聪明、听话时，父母更是对自己的问题孩子"恨之入骨"。其实，长大后的孩子和婴儿的想法是一样的，他们不过是想学会那些原本不会的技能。正因为如此，孩子对学习的过程乐此不疲，即使遇到困难也毫不气馁。他们的学习过程和婴儿期一样，都会犯错，都会给家长制造麻烦，但本意却是积极地。也许孩子把事情弄得一团糟，可是他们其实只是想告诉父母"我长大了"。

　　看着孩子充满渴望的天真表情，父母在生气之前也许要先冷静一下，试着去理解孩子内心的渴望，试着去表扬他们积极的行动，试着去引导他们如何才能做得更好，甚至可以陪着孩子一起学习。尽管孩子现在并不完美，但是如果父母能够从内心接受他，并且决心陪着他一起创造未来，孩子自然能够有所收获。只有接受孩子的不完美，才能让他们学会更多、发挥更多，才能让他们变得更完美。

　　★ 孩子的"捣乱"是一种学习过程。
　　★ 孩子目前的不完美也是一种可以进步的空间。
　　★ 只有接受孩子的不完美，才能成就他们的完美。

保护想象力

孩子的想象力是天生的，一旦他们没有能力去更多地了解这个世界，就会通过想象力来解答心里的疑问。所以孩子总是喜欢帮事物穿上想象的外衣。

在孩子的眼中，小猫身上的毛就是小猫穿的衣服，所以才会好奇地问："为什么小猫不脱衣服就睡觉？""为什么小猫总是穿同一件衣服？"看到软软的毛毛虫，他们会问："它的身体里都是水，那它为什么不是生活在水里，而是生活在树上？""给它身体里打水，它是不是就不用吃饭了？"走路累了的时候，他们就会想："有没有一种自动电梯，让人想去哪里就去哪里？""有没有一种魔法，可以让人嗖地一下就到了目的地？"……诸如此类的想象在孩子的脑袋里层出不穷。

孩子为自己的想象力乐此不疲。对于想象出来的奇妙世界，他们总是深信不疑。虽然在大人眼里看来，可能无比荒谬，但它们却扎根在孩子的心底。每个孩子的想象世界都是与众不同的，所以当孩子长大后，这些印在脑海里的想象世界会为孩子的人生带来新动力，激励他们把想象中的事物变成"现实"。

所有的发明创造在真正实现之前，都只是脑海中的想象而已。所以，想象力是孩子创造力的基础。想要让孩子创造出生命的奇迹，首先就要懂得保护好孩子的想象力，给他们留下一片尽情幻想未来的天空。

24. 给孩子自由幻想的空间

非非蹲在地上发呆，婆婆拿着一把扫把走了过来。

"你一个人坐在这里发什么呆呀？"婆婆感到很奇怪，非非在这里至少有半个小时了，也不知道在干什么。

"嘘，大头和琼森在打架呢！"非非转身轻轻地说。

"谁是大头和琼森啊？"婆婆愣住了。

非非指了指地上说："大头是这只头特别大的蚂蚁，琼森比他更大，有大头两个那么大！"

婆婆往地上看了看说："两只蚂蚁有什么好看的？"

"琼森是个大懒鬼哦，发现了这块面包屑都懒得搬，他就跟大头说：

'你去把面包都搬回去吧。'大头不情愿地说：'你个头比我大，为什么不搬呢！'看见懒懒的琼森不理他，可是大块的面包屑自己又搬不动，大头只好挑了个小的顶回去。过了一会儿，大头带了很多兄弟过来搬面包屑，但琼森还是只在旁边走来走去，就是不搬。所以，生气的大头正在拿触须打琼森，让它一起帮忙搬面包屑呢！"非非一本正经地跟婆婆解释两只蚂蚁的举动。

"你哪里听得见蚂蚁说什么呀？"婆婆一边不以为然地笑话非非，一边开始扫地。

"婆婆，你扫到大头和琼森了！"非非突然惊呼起来，但是婆婆根本没有停下来的意思。

"你看这地上都脏成什么样了，你快回房间写作业吧。"

"婆婆，你好坏！"非非嘟囔着走回屋里，婆婆边扫边嘀咕："现在的孩子，怎么都这样。"

写给家长

孩子的思维很容易被他们感兴趣的事物吸引过去，如果正在做作业的时候有一只蝴蝶从窗外飞过，孩子一下子会被吸引住，而且还会立即产生丰富的想象：这只蝴蝶是白色的，上面还有些黑点。上次跟爸爸到山里玩，看到的蝴蝶是黑色的，上面是蓝色的斑点，好看多了。那次去山里真好玩，还采了好多蘑菇。有些红色的，很漂亮，不过爸爸说那些蘑菇有毒，不能吃。妈妈却说蘑菇很有营养，经常煮给我吃。妈妈还说青椒有营养，但是好难吃。最好吃的还是棒棒糖，特别是那种五彩的棒棒糖，好漂亮哦！不过我觉得手枪更酷一点，上次我拿棒棒糖跟舟舟换，他还不愿意……

一只飞过的蝴蝶，就可以让孩子想到这么多的事情，我们不得不佩服孩子的想象力与联想力。可是通常的情况下，妈妈都会生气地站在孩子背后问："你在看什么？"被吓了一跳的孩子恐怕只能慌乱地重新回到学习当中。每当发生这样的事情时，父母永远不会知道，其实孩子刚刚经历了一次想象的运动，在他们的头脑中，过去的经验都活动了起来，它们互相穿插，互相联系。虽然这样天马行空的想象，可能没有什么实际的创造力，但却是想象力的训练方法。

故事里的非非多聪明，他用两只蚂蚁的特征帮它们取名字。虽然非非听不到蚂蚁的对话，但是从蚂蚁相互的接触，他认为蚂蚁一定是在交流。在他的经验里，人们的交流就是说话，于是他根据蚂蚁的行为帮它们编排出了对白，一个非常有意思的故事。可惜对于婆婆来说，这些想象是跟现实不符的，于是她毫不留情地否定了非非的想象。

不少父母只看到孩子呆呆地发傻，却忽略了他们脑中可能正在进行的幻想活动。父母常打断孩子的幻想，努力把他们拉回到现实中，这其实是在破坏孩子的想象力。即使孩子把脑中所想的告诉父母，父母也会嗤之以鼻，认为那些不过是乱七八糟的胡思乱想而已，于是孩子会听到父母说："别傻了，回家吧！""你的小脑袋在想些什么啊？""别胡思乱想了，快做作业！"被拉回到现实的孩子，他们的想象力遭受了打击，那些已经建立起来的联想就被打散了，想象力不但没有得到提高，反而遭到了遏制。

事实上，孩子的发呆一般不会持续太长的时间，想象一结束，他们自然就会回到现实中。所以，为了保护孩子可贵的想象力，千万别去打扰孩子，给孩子自由的幻想空间。等孩子回过神来，或许可以问："你刚刚在想什么？看你一副津津有味的样子，愿不愿意和妈妈一起分享呢？"当你用这样的话语鼓励孩子说出他的幻想时，孩子会非常乐意把他的想象世界拿出来跟你分享，这样也会起到加强孩子想象力的效果。

★ 发呆并不意味着犯傻，这是一种想象力的训练。
★ 给孩子自由幻想的空间，不要随意去打扰。
★ 让孩子把想象的事物讲出来能增强孩子的想象力。

25. 忽视问题，孩子就会逐渐失去思考探索的兴趣

爸爸、妈妈最怕舟舟问问题了，因为他的问题不仅多，而且还很怪。跟爸妈一起出门，看见门口的树，他会问："树为什么老站在这里，他不累吗？不用坐下来休息吗？"

看见小鸟飞，他会问："为什么小鸟挥动翅膀就可以飞了，我用力挥手却飞不起来呢？"

看见小汽车，他会问："小车没有脚，为什么可以跑那么快？"

其实这样的问题还好应付，但他常问很多荒谬的问题，让爸妈十分烦恼。

某天，舟舟从客厅里跑到书房找爸爸，着急地问："爸爸，如果月亮掉下来会怎么样？"

不关你事，爸爸要工作了！

爸爸，如果月亮掉下来怎么办？

爸爸正在忙着写企划书，就敷衍地说："月亮怎么会掉下来，它在天上挂得好好的。"

舟舟担忧地说："刚刚电视上说，月亮很重。万一有一天它飞不动了，掉下来会砸到我们吗？"

被企划书搞得头疼的爸爸随口就说："跟你说不可能掉下来。如果真的掉下来，你就拿个大箱子接住，然后装起来，可以了吧！爸爸在忙，舟舟别烦爸爸了。"

"哦！"舟舟似懂非懂地走了。

过了一会儿，舟舟又跑过来说："爸爸，电视说月亮不会掉下来，它正在愈飞愈远！是不是我们以后就看不到月亮了？"

"舟舟别担心，月亮不会飞远的。"

"爸爸骗人，电视上说月亮会飞走的。"

"就算它飞走了，也不是你该担心的事。舟舟去找妈妈玩，爸爸要工作了。"舟舟嘟着嘴离开了，爸爸叹了口气，心想自己怎么养了这么个问题小孩。

写给家长

爱问问题是孩子的天性，他们随时可以提出一堆问题来，就像故事中的舟舟，因为他们不明白这个世界，所以想知道答案。事实上，孩子不仅用想象力来描绘这个世界，还会用想象力来理解这个世界。孩子用想象力将事物联系起来，并用经验替代举一反三，但最后他们却发现很多事物跟想象中不一样，这是为什么呢？每当这个时候，孩子都想从父母那里寻求答案。所以我们要理解，孩子在问问题的时候，一定是在思考，他正在努力地用他的小脑袋思索这个世界为什么是这样。

不少父母对孩子的提问感到十分厌烦，数不尽的问题，解释不完的答案，真不知道什么时候才是尽头。被孩子问烦了的父母通常会说："别烦我。""问老师去。""不知道。""你烦不烦呀！""你还有完没完？"或者干脆编一个答案蒙混孩子。

最容易让父母蒙混孩子的问题是："我是从哪里来的？"很多父母会说："你是从街上捡回来的。"父母不知道，随口说出的一句话就已经伤害了孩子的心。孩子从此会认为，自己不是妈妈亲生的。一旦妈妈要求严格，他就会想：我不是妈妈的孩子，她不爱我了，我要去找亲生的妈妈。在学校里，孩子也会感到自卑，别的孩子都有亲生妈妈在身边，他却不知道亲生妈妈在哪里。这看来好像很荒谬，但在孩子的内心确实对父母的答案非常在意。所以，蒙混其实是对他们的一种伤害。

舟舟的爸爸完全不理解舟舟对事实的渴望，为了能顺利工作，他编答案把舟舟支开。舟舟在问问题的过程中，发现爸爸在敷衍他，所以感到不满，最后不开心地离开了。结果，不但没有得到正确的答案，舟舟的积极性也受到了打击。所以无论是被忽视、被打击，还是被蒙混，孩子都会渐渐因为寻找不到正确的答案，而失去思考的兴趣。慢慢地你就会发现，孩子的问题愈来愈少了。有的父母会因此庆幸地想，孩子终于不烦人了，可却不知道，孩子积极探索世界的意识被一点一点地剥夺了。

爱迪生的母亲跟这些父母恰恰相反，面对孩子的各种问题，她向来都充满了耐心，并借着孩子问问题的机会，讲各种道理给他听。所以当母亲发现爱迪生学母鸡孵蛋的时候，没有批评孩子，而是仔细地告诉孩子为什么他孵不出小鸡来。即使后来爱迪生因为问题太多被认为是古怪的孩子，甚至被赶出学校，她也没有责怪过他。爱迪生在母亲的教育下，保持了对世界的好奇心和探索力，他不断地用实验去印证想象，最后成为著名的发明家。有些父母羡慕爱迪生的成就，让孩子以他为榜样，但是否想过，如果没有一个懂得保护爱迪生想象力的母亲，还会有这个永载史册的发明家吗？

在美国，《公民权法》规定儿童在学校里拥有两项权利：玩的权利和问为什么的权利。所以在美国的课堂上，孩子都玩得很开心，老师也不断地鼓励孩子问问题,如果老师被问倒了,还会建议同学为这个孩子鼓掌。美国老师的这些做法,让孩子最大限度地保留了自己的想象力。正是这样的做法,使美国在科技创新方面,一直处在世界的前端。

身为父母,应该保护孩子问问题的习惯,并且给予孩子问问题的权利,哪怕是极度荒谬、幼稚的问题,也是孩子迈出探索生活真理的重要一步。

- ★ 孩子问问题是对事物的思考。
- ★ 问题如果被忽视、打击或蒙混,孩子就会逐渐失去思考、探索的兴趣。
- ★ 保护孩子问问题的权利,就能给孩子更多想象的空间。

26. 我们一起去找答案

电视里正在放映原始人钻木取火的镜头,儿子好奇地问:"原始人钻钻木头,就有火了?"

爸爸点点头说:"原始人没有打火机,只能用这种方法。"

第二天,爸爸发现儿子站在一棵树旁,正用手里的一把刀,往树上钻洞呢!

爸爸奇怪地问:"你在做什么?"

儿子头也不回地说:"我在钻木取火呢!"

爸爸点了点头,便带着儿子一起找了根木头来钻木取火,可两个人的手都弄出水泡了,也没有成功地生起火来。

儿子搓着手说:"爸爸,火为什么生不起来呢?"

爸爸吐了一口气说："是啊，所以原始人一旦获得了火种，就会努力把它保存起来。"

儿子有些气馁地说："那有没有更好的办法能取得火种呢？"

爸爸告诉儿子，只要热量足够高就能点燃物品，希望他能够找到自然界中能提供足够热能的东西。后来，儿子想到了太阳，因为只要太阳一晒就会很热。

见儿子已经开始积极地开动脑筋，爸爸又接着问："你知道有一种可以把太阳光聚集起来的镜子吗？"

"我知道，是放大镜，放大镜也可以用来生火呀！"

爸爸找来了一面放大镜，让儿子拿着，将阳光的焦点对着刚找来的干树叶，过没多久树叶就冒烟、起火了。看着燃起的火，儿子高兴地叫了起来。

看着燃烧的树叶，儿子又问道："可是，如果遇到阴天怎么办呢？而且那时候也没有放大镜啊！"

爸爸想了想说："我知道古代有一种原始的'打火机'，不过我也不是很清楚，要不我们一起去查资料？"儿子开心地跳了起来，"好耶！"

写给家长

据研究发现，如果直接告诉孩子答案，虽然能使孩子的问题很快得到解决，却会使孩子渐渐形成一种依赖思想，一旦遇到不明白的地方，就会找父母，依赖父母来解决问题，这样的孩子，思维也会愈来愈懒惰。所以在有时间的情况下，对一些问题可以采取跟孩子共同去找答案的做法。

故事中的爸爸就很明白与孩子一起寻找答案的好处。对于孩子来说，你告诉他的，永远不如他亲自经历来得深刻，或更容易理解。所以当儿子想要钻木取火的时候，爸爸并没有直接告诉儿子，那是一件很困难的事，而是快乐地跟孩子一起去找木头来做实验。虽然父子俩的手都被磨出水泡了，但儿子却发现钻木取火绝对不是一种方便的取火办法，想象跟事实是有距离的。

如果没有经过实践，孩子得到的答案永远只是理论，孩子在理解这些答案的时候，只会根据字面的意思，而忽略了现实因素对这些问题的影响。就像钻木取火，这个在理论上成立、在事实上也行得通的取火办法，却是现代人很难掌握的。通过实践，孩子对问题就有了更多的理解。

当儿子希望能寻找其他更方便的取火办法时，爸爸给了一些提示，儿子顺着爸爸的提示进行思考，很快就发现了用放大镜生火的方法。由此可见，适当的提示能给孩子的想象带来线索，使他们能从众多的经验中找到接近答案的方法。所以，用提示的方法可以更好地锻炼孩子的想象力。孩子会在每一次的练习中，更好地掌握怎样在问题中找到线索，然后再循着线索去找答案。如果能教会孩子找到更多的线索，就能让孩子获得更多的答案。孩子也会发现，答案不一定是唯一的，对于某些问题来说，答案可能是多样的。从此，孩子的思维就会变得更活跃，也就更具有想象力。

父母不是万能的，如果遇到孩子提出的问题你也不明白，不用装出一副什么都懂的样子，要诚实地告诉孩子"这个我也不会"，不要担心这样做会破坏父母在孩子心目中的权威形象，与其用错误的答案欺骗孩子，还不如一开始就告诉孩子真相，和孩子一起去寻找答案。这不仅是求知的过程，也是增进亲子关系的好时机。

孩子在与父母一起探索答案的过程中，不仅获得了想要的答案，更获得了锻炼自己的满足感。不要忽略孩子的这种需要，多一些耐心，多一些陪伴，你教给孩子的将不仅仅是知识，而是积极面对问题的能力。

★ 如果所有问题都直接告诉孩子答案，会让孩子懒得思考。

★ 陪着孩子一起去寻求问题的答案，能培养孩子积极面对问题的能力。

★ 和孩子一起去寻找答案也是增进亲子关系的好时机。

27. 一起阅读课外读物

妈妈正在忙，女儿拿了本书过来。"妈妈，讲故事给我听好吗？这上面的字我都不认识。"妈妈一看，原来是本没有图的童话故事书。

擦了擦手，妈妈带女儿一起坐到沙发上，翻到《白雪公主》读了起来。当读到白雪公主的相貌时，妈妈说了："她的头发像乌木一样黑，她的皮肤像白雪一样白，她的脸颊像血一样红……"

女儿听到这里时眨了眨眼，说："啊，皇后生了个小丑？"

妈妈没听明白，问："什么小丑？""我们上次去游乐园的时候，不是看到小丑吗，那个小丑叔叔就是像雪一样白的脸，脸颊上还有像血一样红的圆圈。我还以为公主都很漂亮呢，原来那么丑！"

听了女儿的话，妈妈呵呵呵地笑了，"白雪公主是很漂亮的女孩子哦，因为她是欧洲人，皮肤比我们白，所以衬得她红润的小脸更红了，这种红并不是小丑那样的一个圆圈，而是像你小脸蛋上这种自然的红晕。"

女儿接过妈妈递过来的镜子看了看，放心地点点头。

妈妈接着继续读，读到新皇后对着镜子问谁是世界上最美丽的女人时，女儿惊讶地说："哇，新皇后好厉害，那镜子一定是最先进的智慧搜索引擎！"

当妈妈读到皇后用毒苹果毒死了白雪公主的时候，女儿奇怪地问："为什么毒药没有把苹果毒死呢？"

当妈妈读到白雪公主把毒苹果吐了出来，白雪公主就活过来了的时候，女儿更纳闷了，"毒药只要吐出来就不会死人了，对吧？"

妈妈一面被孩子的想象力逗得哈哈笑，一面耐心地解释给女儿听。

最后，当妈妈读到白雪公主和王子幸福地生活在一起时，女儿忧心忡忡地说："他们会像你跟爸爸一样离婚吗？"妈妈愣住了，呆呆地看着女儿，不知道该怎么回答。

写给家长

孩子的思想是天真而开放的，他们会将接触到的事物和经验相联系，进而给新的事物进行定义。据研究显示，孩子在接触新事物的时候，思维的运转要比平时多更多，这也正是孩子喜欢接触新鲜事物的原因。但人的活动范围是有限的，想要接触更多的新鲜事物，就必须借助工具。电视、书籍、网络、社团活动等，是现在孩子增长见闻的重要途径。

无论是哪种途径，如果有父母陪伴，都是有益的。不过相对电视和网络来说，书籍更具有可操控性，能够更好地避免干扰，控制阅读方向，所以历来受到教育家的推荐。在书籍中，充满着丰富的知识和想象。这些书籍能给孩子更多的经验，让孩子获得更多的想象。所以，对世界充满好奇的孩子，都喜欢从书本中寻找未知的世界和未知的答案。此时，如果父母能够陪同孩子一起阅读，就会增加阅读的乐趣，孩子对书籍的兴趣也会更为浓厚，并逐渐养成看书的习惯。

可是怎样看书才是最好的方法呢？是让孩子看，大人在一旁陪着？还是大人读，孩子听？最好的阅读方式，是家庭朗读。朗读的人可以是父母，也可以是孩子，甚至可以分角色朗读。朗读让枯燥的文字变成有声书、有感情的语言，孩子会更感兴趣，这对孩子建立与书籍的感情有很大的帮助。通过跟孩子一起朗读故事，父母可以发现孩子对故事的不同理解，以及孩子对生活的认识和态度。

在这个故事中,妈妈就发现了孩子思想的特殊之处。女儿不仅能将文字转化为图像,还能用最相近的一个事物来做定义,这些都是孩子将现实与故事相联系的方式。但孩子对故事的理解也有危险的地方,比如关于毒药的部分。根据故事的描述,女儿认为毒药只要吐出来就没事了,如果做母亲的不告诉孩子事实,孩子就可能在以后犯错误。孩子还会借由故事展现心情,如果没有和孩子一起读书,妈妈可能就不知道女儿对父母婚姻的看法。

所以,孩子在阅读中显露出来的思想非常重要,它们是孩子没有掩饰的真实心理。身为父母,应该充分利用这些讯息来了解孩子,并借由这个机会积极地引导。对于好的想象、联想,要给予表扬和鼓励;对于错误的理解,要给予合理的纠正。只有与孩子一起阅读,并合理地引导孩子,才能让他们从书本中获取有益的知识和经验。

不过不要把阅读当成批评会,如果阅读从头到尾都充满了教条式的教育,没有哪个孩子会喜欢。让家庭阅读成为一个让孩子放松、快乐的益智活动,让孩子爱上阅读。

> ★ 阅读是孩子增长见闻的重要途径。
> ★ 和孩子一起阅读有助于建立孩子与书籍的感情。
> ★ 根据阅读中的表现来引导孩子,使孩子获得有益的讯息。

28. 不要让死板的教育扼杀了孩子的想象力

雯婷家每个星期五的晚上都会有一个比赛。每次比赛由一个人出题,其他人来作答,输了的人就得不到礼物。这天晚上轮到雯婷出题。

晚饭后，雯婷拿出一张纸，一边展开，一边说："我们今天的题目是画画。"

爸妈看了看纸，上面有一条横线。

雯婷说："我们猜拳，剪刀石头布，赢的人先在纸上画，画的东西要跟画上的内容有关系，谁画不下去了，或是画错了，谁就输。"

"好呀，雯婷出的题目真有意思。"爸妈笑了起来。

爸爸第一个画，在横线上画了个三角形，说："三角形和直线都属于平面几何，这个没错吧？"

妈妈是第二个画的，她在三角形下画了个方形。

轮到雯婷了，她想了想，在方形里再画了个方形，问爸妈："这样是不是像地面上有座房子？"

"嗯，既然是地上有房子，那我就画座小山在后面。"爸爸在纸上画了一条曲线。

"那妈妈就画一棵树在房子旁边。"

雯婷又在旁边画了个小朋友，爸爸接着画了个太阳，妈妈再画了条小河，之后，又出现了各式各样的动物，整幅画愈来愈丰富了。

最后妈妈说："我们还可以继续画下去，看来今天没有输赢，每个人都可以得到礼物，对吧？"雯婷点点头，每个人都开心地得到了一根漂亮的棒棒糖，结束了这次的比赛。

写给家长

或许有人会觉得雯婷家的比赛很无聊，那就像小孩子的作业一样，竟然还要全家人一起参加，真无趣。但是雯婷的爸妈却乐在其中，当他们看到雯婷每次认真地准备题目，努力地思考时，爸妈就觉得很开心，他们知道，雯婷从这个看似无聊的比赛中，得到了比想象更多的收获。

根据心理学的研究发现，如果想要提升人的想象力，就需要特别注意发散思维的培养。所谓发散思维，就是由一个事物联想出多个事物。如果联想到的事物愈多，思维的活跃程度就愈高，想象力也就愈强。为了保护孩子的想象力，学者们认为不应该压制孩子，而应该更加鼓励孩子想象。

1968年，美国内华达州有一起著名的官司。这场官司的原告是一位母亲，她要告她孩子所读的幼儿园。母亲说，她三岁的女儿原本看见字母"O"的时候，可以想到苹果、太阳、鸡蛋、足球、盘子等等，她的小脑袋里充满了想象力，可当她进入幼儿园之后，她就只知道"O"是一个字母了。她认为幼儿园把女儿的想象力扼杀了，她向法院起诉，要求幼儿园赔偿女儿的精神伤残费一千万美元。当时的人们认为这位母亲是在无理取闹，肯定赢不了这场官司。但当母亲陈述了想象力对孩子的重要性后，法院判她胜诉，从此，美国人不仅开始重视孩子的想象力，还努力用各种办法训练和保护它。

在这一连串的训练中，最出名的是关于回形针有多少种用途的案例。由一根金属丝弯成的回形针，原本是用来夹档案的，但是如果再想一下，或许也可以有别的用途。例如：可以串起来当链条、做门帘、当牙签、拿来捆绑东西、叉食物、当钓钩、开锁、替代纽扣、当针头、夹头发、做固定物等等，还有人把它弯成像自行车等的工艺品。有一位日本的科学家宣称他已列出两千四百余种用途，另外一位学者则宣称他能列出三万种。其实这好像也挺无聊的，但是人们对这样的训练乐此不疲，因为大家在这个过程中，感受到了想象力的力量。在看似无聊的表象背后，其实潜藏着对生活更多可能性的开发，这也正是世界进步的动力来源之一。

不管是孩子与孩子之间，还是孩子与父母之间，都可以偶尔进行一些"无聊"的比赛。当然，重点不在比赛本身，而是比赛的过程带给孩子的收获。在这些比赛中，孩子不断地拓展自己的想象力，并在父母的答案中得到启发，进而获得更多的想象渠道。"无聊"的比赛也可以让孩子收获快乐和成长，所以，父母不妨怀着一颗童心，陪孩子一起在想象的海洋中尽情遨游。

★ 游戏无聊与否,关键在于它所能带给孩子的收获。

★ 不要让死板的教育扼杀了孩子的想象力,"无聊"的游戏也能给孩子丰富的想象空间。

★ 父母陪孩子一起做"无聊"的游戏,可以使孩子从父母的思维中获得启发。

不断地鼓励孩子尝试

在中国的传说中，是盘古劈开了原本混沌的世界，人的诞生则是女娲用泥土捏出来的。在西方的《圣经》里，世界万物是上帝经过六天的辛勤工作制造的。这些神话中的人物，在创造这个世界的时候，无不付出了努力，用行动来创造一番新的天地。这些神话传说尽管只是人们的一种想象，但是在实际生活中，创造并非只是头脑里的异想天开，没有动手尝试那些奇思妙想，就不可能有真正的创造。

在国外，华裔孩子通常能拥有优异的学习成绩，但是实践能力相对来说就比较弱。如果要究其原因，那是因为在我们的传统教育思想中，往往喜欢强调读书的重要性，但是却很少提到实践的重要性。在孔子"学而不思"、"思而不学"的讨论中，我们只看到智力的学习，而看不到实践力的学习。虽然孔子也强调了要礼、乐、射、御、书、数六艺兼通，但教条式的儒家学者，却逐渐将其中更具有DIY的部分给忽略了。所以在这样的文化氛围中成长的孩子，会较欠缺动手尝试的能力。

不管脑袋里有多少想法，如果不去实际行动，是无法知道正确与否的。所以针对我们的孩子，尤其要鼓励他们去尝试，通过不断地做，去认识、理解世界，去找出自己的不足，去寻找改进的方法。

29. 喜欢拆闹钟的孩子

这天张先生回家，发现儿子正在拆一个古董闹钟，一个个零件散落在

地上。张先生的脑袋嗡的一声响,这可是他父亲留给他的遗物!

看到爸爸回来,儿子兴奋地抬起头来说:"爸爸,这个闹钟跟我之前看到的都不一样呢!"他还拿起一个零件,"好多这样的小转盘。"张先生脸都绿了,巴掌啪啪啪地打在儿子身上。

张太太还没进家门,就听见丈夫的怒骂和儿子的哭声。她赶忙开门,劝开了丈夫。看着妻子护着儿子,张先生气愤地说:"看看你生出来的好儿子!"说完就甩门而去。

张太太看着散落一地的闹钟零件,问儿子怎么回事,儿子啜泣着说:"我今天在柜子里发现了这个,跟家里的闹钟都不一样,所以我 ……我想看看它里面是怎么回事 ……"听了儿子的话,张太太拿盒子装上零件,带儿子去了钟表店,还请钟表师傅跟儿子讲解古董钟表和现代钟表的结构。

晚上回家,看到张先生闷闷不乐地坐在沙发上,儿子拿着修好的古董闹钟走过去说:"爸爸,对不起,我不知道这是爷爷留下的,我只是想知道它和其他的闹钟有什么不同。"

"你还要跟爸爸保证什么?"张太太在儿子身后问。

"嗯,我以后会在做事前先问问,是不是可以做。"听了儿子的话,张先生一手接过闹钟,一手搂过儿子。

写给家长

孩子天生就有破坏的欲望,比如给他们一个铃铛,他们除了摇它之外,还会摔它;一本书拿在手里,他除了用来看,还会用来撕;看到一个玩具车,除了疯玩一会儿外,就是把它拆掉;看到一个洋娃娃,除了摸摸看看,最感兴趣的,还是把它的衣服脱掉,把它肚子里的东西掏出来……做家长的,常常为孩子的破坏行为而抓狂。常听见一些父母议论:"我家那破坏王,把家里弄得没一样好东西,要是生个女儿就好了。看看你家的女儿多乖巧,安安静静地玩娃娃。""女儿也省不了多少心,别看她在外面乖巧,回家一样也会搞破坏。小时候她爸为了这件事还打过她,这才慢慢改了些。""你看,还是女儿听话,打起码还管用。我家那破坏王,不知挨了多少打,还是老样子。"

看着家里各种物品被一一破坏,父母心中的愤怒是能够理解的。但是在愤怒之余,你是否想过孩子为什么会这样做? 搞破坏真的有那么大的乐趣吗?

孩子是带着好奇心来到世界,探索自己认为有趣的事物是他们的主要"工作"。不要认为孩子贪玩,其实他们通过玩乐的过程去认识新的事物,并通过不断练习各种技能,为探索新事物做准备。所以,不要小看孩子的玩乐,里面藏着大文章。由此,我们应该知道,孩子的破坏绝对不是故意和大人作对,这只是他们认识世界的一种方式而已。

如果仔细聆听孩子的话语,我们很容易发现,孩子的破坏是源自于"好奇心"。学会摔铃铛,是想知道物品掉落后会发生什么事;撕纸,是在研究纸张;拆玩具,是想搞清楚它的内部结构;脱娃娃的衣服,是想了解自身……

如果张先生当时能够冷静下来听听儿子的说法,就会知道儿子只是好奇古董闹钟的与众不同。儿子拆闹钟的过程,就是他认识一个新事物的过程,而他动手的行为,也能让他熟悉新的技巧。可不少父母却没有心思去聆听孩子的心声，他们只会用打骂，把孩子探索世界的精神给打没了，把孩子动手实践的勇气给骂走了。而这些，恰恰是提高孩子能力的关键。

身为父母，要学会在孩子搞破坏的时候冷静，告诉自己不能打击孩子探索和练习的积极性。通过对好奇事物的探索尝试和能力的训练，孩子会具有更为广阔的眼界，拥有更为细致的观察力，获得掌控事物的能力，这些都决定着孩子在未来能否成才，能否具有更好的适应能力，能否拥有创新的意识，能否取得前人未有的成就。

不过，对孩子这种探索性的尝试行为还是应该给予适当的引导。如果一味地纵容孩子毫无节制的破坏，会让孩子把它当成乐趣，进而变得自私暴力。父母应该在不打击孩子的前提下，适当地引导孩子。张太太就做得很好，她首先了解了儿子的需要，然后带儿子一起去寻找答案，并告诉他为什么不能随意破坏家里的物品。所以，获得满足的儿子会乖乖地回家保证，以后会事先问问父母，不再搞破坏了。

★ 孩子对物品的破坏是他们探索事物、练习技能的途径。

★ 保护孩子的探索心，不要用打骂来压制。

★ 给孩子的破坏行为以适当的引导。

30. 不合常理的事情，需要深入了解

爸爸、妈妈带心怡去吃冰淇淋，心怡点了一个堆得像小山一样的漂亮冰淇淋。可心怡拿着小汤匙，只看着冰淇淋却不吃。爸爸催她说："还不快点吃，一会儿冰淇淋化掉就没得吃了。"

心怡拿小汤匙轻轻刮了一点冰淇淋下来，尝了尝，满意地眯眼笑着。爸妈笑了笑，喝自己的饮料聊天去了。过了一会儿，爸爸突然发现心怡的手里居然拿着一根吸管，正鼓着腮帮子吹冰淇淋呢！

"心怡，你在做什么呢？"

心怡赶忙拿吸管吸了一口化掉的冰淇淋。爸爸这才发现，一座好好的冰淇淋山，已经变得千疮百孔了。妈妈也发现了，惊奇地说："哎呀，冰淇淋山变成城堡了。"

心怡开心地笑了，"对呀，好多门和窗子。"说着还把吸管伸到冰淇淋山里吸了起来。

"原来冰淇淋可以这样吃啊，真好玩，可以让妈妈试试吗？"

心怡开心地跳了起来，跑去帮爸爸和妈妈各自拿了一根吸管。一家人用吸管在冰淇淋山上制造出各种形状的洞。最后，冰淇淋山在一家人的笑声中坍塌了。

后来爸妈又带心怡一起去吃冰淇淋，也是一家人用吸管吸。每一次，心怡都会带领着爸爸、妈妈一起创造出新的"冰淇淋雕塑"。吃冰淇淋的平常行为，在心怡突发奇想的创举中，变成全家其乐融融的游戏。

写给家长

孩子时常会有些奇怪的举动，比如把牙膏挤到嘴里再刷牙，把鸡蛋的壳全部弄碎了再剥，把小板凳翻过来当篮子用……面对孩子这些奇怪的举动，你会做什么呢？有的父母会打骂、批评孩子，有的父母会耐心地教孩子正确的使用方法，但有的父母却会跟孩子一起淘气。

面对孩子做出的那些不合常理的事情，父母常常不能理解，并努力想要纠正他们，让他们按照常规来做事。有人说，用不同的方法来做同样的事，这样的人是另类。大多数的父母都不希望自己的孩子成为另类，在他们的眼里，"另类"几乎和"怪物"是同义词。父母不希望孩子跟别人有什么不同，他们怕孩子与众不同的行为，会让孩子变得孤立或受到伤害。

最常见的例子就是左撇子。左撇子和右撇子是先天形成的手部优势，但由于在亚裔人群中，右撇子的数量大大超过了左撇子，这就使左撇子成了另类。在过去，很多人都会因为某个人是左撇子而大惊小怪，甚至嘲笑、讥讽他们。为了避免孩子受到孤立，或因行为习惯的不同而给孩子造成伤害，大多数左撇子的父母都会强迫孩子学习用右手写字、拿筷子。

然而现代的研究显示，经常使用左手，能促进右脑的发育。事实上，左撇子通常也更为聪明。研究指出，如果左撇子被迫改用右手，会在心理上造成阴影，容易自卑，还会出现强迫症的倾向。所以，现在一些家庭已经抛弃了左撇子就是另类的想法，他们不仅让孩子用左手，还让别的孩子学着练习用左手，让能用左手变成一种骄傲。

由此可见，我们在面对孩子做出的那些不合常理的举动时，千万不能大惊小怪。孩子的这些做法，或许有更深入的、连孩子自己也没有发现的原因。心怡用吸管吃冰淇淋，原本也只是觉得好玩，她可以在冰淇淋山上制造出各种洞来，她可以用吸管去掏空冰淇淋山。但在妈妈的惊喜中，心怡发现原来自己是在改造这个冰淇淋山，它可以成为一个城堡，也可以成为一块画布。爸妈的参与，鼓励了心怡，她不断地用吸管制造出新的玩法。从此，吃冰淇淋不再是吃一份甜食那么简单的事了，它变成了一项创造活动，变成了一家人共同的游戏项目。

可见，另类并不一定是坏事，特别是在强调创新的时代，另类就是个性的代名词，而个性正是引领潮流的要素。当"不走寻常路"的广告词出现时，父母还会为孩子与众不同的行为而担忧吗？

心怡爸妈是懂得与孩子淘气的父母，在他们的鼓励下，孩子会变得更为自信、更为快乐，孩子会用灵活的方式来创造自己的生活，也将更具有创新的意识。要知道，孩子今天的独辟蹊径，或许就奠定了未来出众人生的基础。

想培养一个冠军孩子，就要让孩子保持独特的思维方式。不过，孩子或许并不能清晰地意识到自身行为的意义，此时就需要父母深入地了解孩子的"另类"行为，发掘其中的优点，并给予适当的鼓励和引导，孩子就会更懂得如何从事正面的创新。

当孩子从毫无目的的捣乱中发现了创造的趣味，他们就会更为积极地尝试各种不同的方式。或许一个小小发明家，就此诞生。

★ 孩子做一些不合常理的事，可能有一些不被轻易发现的原因。

★ 孩子独辟蹊径的做法，正是创新的表现。

★ 深入探究孩子的另类行为，才能让孩子获得更多正面的力量。

Part 5

第五章
让孩子学习与他人合作

近年来，联合国教科文组织提出，为了使孩子将来能够有能力去面对社会生活的挑战，教育必须培养孩子的四种能力，它们分别是：学会认知、学会做事、学会共同生活、学会生存。在这当中，"学会共同生活"在很大程度上就是指孩子与人合作的能力。

在社会高速发展的今天，人与人之间的相处与合作是非常重要的。每一个新理论的诞生，每一项新成果的发明，每一行新事业的成功，都是合作的智慧所得来的结晶。可见，让孩子学会与他人合作，将来成功的机会也就更大。

事实证明，许多被认为有天分的孩子之所以碌碌无为，其实并不是输在智慧上，而是败在人际关系上。因为，与他人的相处和合作，能够为孩子的人生带来许多宝贵的财富。尤其是在与人合作的竞争中，能够让孩子看见别人身上的优点，并且通过敏锐的观察力和强大的学习模仿力，将这些优点化为己有。我们常说，一个不懂得欣赏别人的人，也就是一个不被人欣赏的人。孩子发现合作伙伴优点的过程，其实就是在欣赏他人，这也是他学习的基础。

当然，孩子通过这个过程，能力得到了发展和提高，或许还能赢得更多人的欣赏和称赞。不过，这样做的真正目的，是为了让孩子能够正确地认识自己，用发展的眼光看待自己的进步，不断地同过去的自己做比较，以此来获得自信，并且找出还可以进步的空间。如此一来，孩子在与他人合作的过程中，不仅更能发挥聪明才智，同时也能获得更多的自我提升。

团体生活的技巧

　　在孩子的成长过程中，若能够参与一些团体生活，对他们的成长会是一件非常有益的事情。父母对于孩子的培养，也不能只局限在知识的增长上，性格的养成、人格的塑造、交际能力的培养都是很重要的，而这些都只能通过融入团体生活才能够获取。

　　团体生活可以扩大孩子的交往空间，为孩子带来更多的学习对象。如果长期把孩子"禁锢"在家里，虽然看起来很安全，可是孩子接触的人少，交往活动的空间也狭小，这势必会影响与人相处的能力，使孩子变得愈来愈内向。而进入团体生活以后，孩子的交往对象增多了，活动空间明显增大，孩子的交友能力也明显增强，通过与其他成员的玩耍和合作，孩子能够从他人身上学习到一些自身未具备的优点。

　　另外，团体生活还可以纠正孩子的不良习惯。由于父母的过分宠爱，许多孩子养成了一些坏毛病，例如：任性、挑食、随地大小便、不用杯子喝水、不会用汤匙吃饭等等。当孩子进入团体生活以后，这些毛病会逐步得到改善。因为，团体生活给孩子提供了相互学习的环境。

　　很多时候，孩子在教师或家长的带领下学东西，总是会有一种不自觉的被动心理，所以接受度并不高。可是，孩子间的互相学习是主动的，是发自孩子内心的，这种学习方式很大程度上能促进孩子的发展，例如：一个孩子不爱吃胡萝卜，但当他看到别的小朋友吃得津津有味时，多半会被感染，也可能有滋有味地吃了起来。这种环境氛围是父母在家庭中是很难营造的。

　　通过实践可以发现，习惯于团体生活的孩子，对于新环境的适应能力较强，语言、动作、思维的发展水平也较高，人际交往能力也更好，性格也更开朗活泼。不过，想要让孩子融入团体生活，并且从中"偷学"到知识，还是需要一定的方法和技巧，这就需要父母多花点心思了。

31. 亲子互动游戏，培养默契

十岁的亚明是一个标准的棒球迷，电视里转播的比赛都准时收看，还加入了学校的棒球队。只要是家附近的体育场有棒球赛，他一定拿零用钱买门票到现场去看比赛。有一次，爸爸、妈妈在家等到晚上九点，仍然不见亚明踪影，而且事先也没有打过招呼。这下可急坏爸爸、妈妈了，四处打电话问老师和同学，可是大家都不知道亚明去了哪里。在万般无奈之下，爸爸抓

起电话准备报警。就在这时,亚明回来了,火冒三丈的老爸扬起手掌就要给他一巴掌。

亚明被这情形吓坏了,赶紧闪到一边问是怎么回事。妈妈把事情原委说给亚明听,这时亚明才明白自己犯错了,一脸愧疚地说:"爸爸、妈妈,你们先别发脾气,先听我解释一下,好吗?"

原来,当天下午正好有一场棒球比赛,其中一支是亚明最喜欢的球队。由于比赛是在离家很远的地方举行,时间又很紧,亚明和球队的队友放学后就直接去看球赛,忘记跟爸妈"请假"了。

"爸爸,我多希望陪我看球赛的人是你啊!我都向你提过好多次了,可是你从来都没有带我去过,每次都说工作很忙。我们俩什么时候才能有时间一起去现场看球赛啊?"

听完儿子的这番话,爸爸这才明白,原来儿子一直都希望能够和自己一起共同分享爱好。后来,爸爸每个周末都会抽出时间和亚明一起去打棒球、看球赛,父子俩还经常一起讨论战术。由于经常一起训练,亚明和爸爸的默契愈来愈好,还在后来的一次家庭棒球比赛中拿了冠军。

写给家长

　　你也许不知道，孩子心里最希望一起玩游戏的对象，其实就是父母。如果父母和孩子拥有共同的兴趣爱好，并且两代人能够共同参与，则亲子关系就会变得更加融洽，也更利于孩子的成长。亲子间的互动游戏，不仅可以缩短父母和孩子之间的距离，同时也能够借助娱乐，使家庭氛围更加和谐。当然，最重要的还是通过这样的亲子互动游戏，培养与孩子的默契。

　　由于社会变迁和文化发展，今日的孩子都有属于他们自己的乐趣，父母也有属于自己的娱乐方式，再加上很多父母在面对孩子的时候，都缺乏民主、平和的态度，以致亲子关系变得愈来愈淡薄。很多父母都只想到要为孩子创造最好的物质条件，却忽略了与孩子一起游戏的问题。

　　通过努力，亚明的父母为孩子带来了丰富的物质，这一切看起来似乎是非常值得骄傲的。可是，作为接纳者的亚明却不这样认为。他所希望得到的，是跟爸爸一起看一场棒球赛，父子俩一起在球场上挥汗如雨，打一场酣畅淋漓的练习赛。事实也证明，当父子俩一起站在球场上，逐步培养出来的默契是无可匹敌的。通过跟爸爸一起玩棒球，亚明收获的不仅仅是比赛的冠军，更重要的是心里的满足感，以及与人合作的能力。这些都是父母用金钱买不来的，必须亲力亲为才能带给孩子的。

　　爱玩是孩子的天性，只是在不同的年龄阶段玩的东西不同罢了。当孩子尽兴玩耍时，父母不要只是站在一旁当观众，最好能够参与到游戏当中。当你放下父母的架子和孩子尽情游戏时，就会发现跟孩子的沟通变得更加顺畅，孩子也许会比平常更加"听话"。当你和孩子一起去完成游戏中的某项任务时，明确的分工和合作，会让孩子学会如何与他人合作。

　　通过在互动游戏中的配合和磨合，父母与孩子更容易培养出默契，而这种默契不仅体现在游戏任务的完成上，也会在孩子平常的生活中表现出来。尤其是将来孩子在与同学甚至是工作后的同事合作时，这种与父母共同游戏的默契就会变成一种训练，使他们能够更快地与其他合作者产生默契,提高孩子融入团体的能力,更有助于孩子学习合作伙伴的优点。

父母不是机器人,再大的激情也会有对工作倦怠的时候,此时不妨放下一切,尽情地和孩子一起游戏一场。当你和孩子配合默契相对一笑的时候,相信你们都已经找到自己想要的东西了。

★ 孩子心里最希望一起玩游戏的对象其实是父母。

★ 互动游戏中的配合和磨合,能使父母与孩子更容易培养出默契。

★ 与父母共同游戏的默契,能够让孩子更好地学会与他人合作。

32. 和同伴相处,由玩乐开始

老师拿出一张报纸,宣布要玩一个叫做"三人站报纸"的游戏,并宣布了游戏的规则:三个人为一组站在一张报纸上,只要三个人的脚不站出报纸的边界并且停留三秒钟,就算过关。大家都很踊跃地举手,第一组同学很快就上台了。

刚开始是摊开的整张报纸,三个同学轻松拿下了第一关。老师把报纸对折了两次,面对面积缩小很多的报纸,其中两位做出了很大的牺牲,让剩下那个同学的一只脚站在他们的脚面上,这才勉强地又过了一关。

报纸愈折愈小,最后只剩下一个小小的正方形。三个孩子还是兴冲冲地就往上站,结果很快就失败了。三个同学叽里咕噜地商量了半天,希望老师能再给他们一次挑战的机会。获得老师的同意之后,只见三个人手拉手围成一个小三角,每人各伸出一只脚,用脚尖的部分踮着踩在小小的报纸块上,另外一只脚在三角形的中心位置悬空互相钩住。"三 ……二 ……一 ……"在全班同学响亮的倒数声中,这三位同学最后还是颤颤巍巍地完成了最后一关的挑战。成功的那一刻，教室里响起了热烈的掌声和大家的欢呼声。

看着兴奋中的孩子，老师提出了一个问题："今天这个游戏带给大家什么样的启发呢？"

"做事情要讲究合作和团结，否则很难完成任务。"

"在团队中不能只顾自己，要学会全面考虑问题。"

"人与人的相处，不能以自我为中心，也要给别人留出空间。"

……

孩子们踊跃地发表着自己的感受，脸上洋溢着欢快的表情。一场轻松的游戏，让他们领悟到了不同的道理。最后，这堂课在无比快乐的氛围中结束了。

写给家长

近年来，不少教育专家都提出了"体验式学习"的教育理论，也就是通过将教育理念和知识融入丰富有趣的游戏活动当中，让孩子通过与其他同伴的合作参与，在轻松快乐的氛围中接受知识，并且通过畅谈自己的感受，以达到教育的目的。

故事中的老师正是采用了这一方法，利用轻松活泼的游戏，让同学在玩乐的过程中体会到团队合作的意义。三个同学齐心协力闯关的过程，其实也就是大家思考的过程。老师需要用很多口舌才能说清楚的道理，孩子在游戏当中就不知不觉领悟到了。而且，比起老师枯燥的讲解，轻松的玩乐游戏更贴近孩子的生活，对知识的接受度自然也就要高得多。

父母在教育孩子的时候，也可以借鉴这种方法。要锻炼孩子的人际交往能力，让孩子学会如何与人相处，玩乐当然是最贴近孩子性格的一种方法。在这个过程中，父母也需要给予孩子正确的引导和支持。当然，所谓的玩乐也并非就是真正的到户外踢足球、玩滑板之类的，更多的还是指要鼓励孩子多结交朋友，在不断与不同类型的朋友的相处中，学习到人际交往的基本技能和一些必要的技巧。

为了鼓励孩子，父母可以主动提出让孩子把同学和朋友带到家里来玩，这样会让孩子了解你的立场，表明你是真正接纳他的朋友。还有一点是，当孩子的同学和朋友到家里来玩的时候，要表现出父母的大方和热情，帮助孩子一起招待。这样既可以提高孩子在同学和朋友心目中的形象，同时也能增加孩子对父母的好感，这就是所谓的"双赢策略"。

如果孩子在人际交往方面暂时还表现得比较被动，父母不妨主动邀约邻居或是朋友家的孩子到家里来玩。孩子之间其实是比较容易熟络的，当孩子慢慢与同伴融合在一起，放开害怕和矜持的情绪玩耍的时候，自然就会增加与人交往的信心，放下原本的心理包袱，逐渐学习到人际交往的方法。

没有谁的人生能够离得开同伴跟朋友，而且我们常常也说"朋友多了路好走"。如果想要把孩子培养成"冠军"，未来的人生道路上就一定离不开大家的协助。所以，让孩子在玩乐当中学会与人相处，是迈向成功的第一步。

★ 与同伴一起玩乐可以培养孩子的人际交往能力。
★ 主动让孩子把同学和朋友带到家里来玩并且帮忙招呼。
★ 对于有社交恐惧的孩子，可以把邻居或朋友家的孩子邀约到家里来玩耍。

33. 鼓励孩子融入人群

温太太有一个五岁的儿子，叫做小宝。因为刚搬家，小宝也跟着换到了附近的新幼儿园上学。原来小宝的性格就比较内向，再加上又是一个全新的环境，就变得更加沉默了。

刚去新学校的第一天，温太太去接儿子放学，老师气愤地向她讲述了小宝的"罪行"。原来，同学们对这个新同学非常热情，都拉着他说话。见小宝总是不说话，其中有个很活泼的同学就告诉他，大家私底下都叫老师"猴子"，说完全班同学都大笑起来。

后来上课了，老师让小宝做自我介绍。为了引导孩子，老师首先自我介绍姓侯。正当老师满怀期待地看着小宝的时候，他竟然一脸天真地问道："老师，你虽然姓侯，但是又长得不像猴子，为什么大家要叫你'猴子'呢？"老师当时脸都气绿了，但是又不能发作，所以只能尴尬地笑笑。

过了一段时间，渐渐熟络起来的小宝开始跟小朋友们一起玩，但始终不能融入到大家的氛围里。每次参加集体活动，老师让大家自己动脑筋的时候，小宝都会照着大多数小朋友的方法去做。老师也曾经跟温太太沟通

过，说小宝可能缺乏创造力，希望家长平时能够多给孩子一些锻炼。可是，温太太跟小宝交流才发现，原来小宝有自己的想法，只是害怕出错被老师批评，所以才会跟着大家做，他觉得这样才是最安全的。

每天接儿子放学的时候，别的孩子都是三三两两、有说有笑地走出来，儿子却总是孤单单一个人，温太太觉得心里很不好受。

写给家长

当今社会是一个群居的社会，拥有良好的人际关系已经成为我们每个人最起码的生存条件，同时也是孩子未来发展的关键。著名的成功学大师卡耐基曾经说过，一个人的成功，专业知识所占的比例其实只有百分之十五，剩下的百分之八十五几乎全部来自交际能力。由此可见，父母如果能够从小培养孩子与人相处的能力，使孩子无论在什么样的条件下都能够很好地融入到人群当中，对他将来的发展帮助良多。

与以往相比，今天的孩子有着更为丰富的玩乐方式，哪怕是一个人待在家里，他们也能找到属于自己的娱乐方式，可孩子的人际交往能力却在逐渐退步。就像故事中的小宝一样，他也许可以自己在家看故事书、堆积木玩上一整天，不需要跟谁说话也可以玩得很尽兴。但是，一旦真正面对团体生活，他会表现出一定程度的紧张，不知道该如何跟周围的伙伴交流。面对陌生人和陌生环境的不知所措，会让小宝封闭自己，无法真正地与其他孩子产生很好的互动和交流，为了防止出错，他只能跟着别人说，照着别人做，这是孩子在无法融入人群时的一种本能反应。

当我们面对团队时，如果无法融入，就很难去表现自己的才华。所以，培养孩子的人际交往能力，就是让孩子快速地融入人群中，不再一味地跟在别人背后做跟班，这是父母应该要想办法解决的问题。

想要鼓励孩子融入人群，首先可以鼓励他们多参加团体活动。当孩子加入到集体活动中后，多少都能够发现一些自己可做的事，通过和其他成员一起完成这项活动,可以使孩子获得他人的信任和好感,同时也能让孩子丢开恐惧,逐渐融入到人群中。

当孩子与周围的人和环境渐渐熟络之后,他们就会展现出自己的个性和智慧,在这个集体中找到属于自己的位置,表现出自己与众不同的那一面。通过这个过程,孩子既能够学会如何与人相处,同时也能够发现一些表达自我的技巧。

孩子都希望和自己年龄相仿的同伴一起玩耍。利用这个特点,父母也可以鼓励孩子多结交一些兴趣相投的朋友,让他们在与朋友的交往过程中,培育出属于自己的人际交往哲学。另外,你还可以和孩子一起谈论关于朋友的话题,孩子会很乐意跟你分享他和朋友之间的趣事,这也是另一种鼓励孩子融入人群的方法。

需要注意的是,不要用父母的处世方法去干涉孩子的人际交往,孩子自然会有自己的一套判断标准。当然,如果你愿意跟孩子一起分享自己的经验,孩子肯定也会很乐意拿来当作参考的。

★ 融入人群的能力会影响到孩子将来的成功。

★ 鼓励孩子多参加集体活动,学会与人相处的方法和表达自我的技巧。

★ 鼓励孩子结交年龄相仿、兴趣相投的朋友。

共同分享美好的回忆

孩子天生喜欢与人接触，特别是与自己年龄相近的人。对于婴儿来说，他们虽然很喜欢与自己熟悉的家人在一起，但一旦他们看到年龄相近的孩子，也会有开心的举动。如果是已经很熟悉的小朋友，他们更会开心地笑，用自己独特的方式打招呼。孩子的友谊，正是在一次次的接触中不断发展出来的。他们一起打打闹闹地成长，共同建立起关于成长的回忆，这些回忆在他们的未来，将成为津津乐道的话题。

但是有的父母却因为孩子在婴儿期的认生行为，而放弃了让孩子与陌生人交往。有的父母担心孩子交到行为不良的朋友，拒绝孩子参与团体活动，而有的父母则对于孩子在团体活动中的表现漠不关心。由于没有最亲密的人对他们的鼓励，这些孩子可能渐渐对团体活动失去兴趣，由此变得孤僻，甚至自闭，严重影响成长。

所以，父母不仅要鼓励孩子参加团体活动，还要与孩子分享团体活动中的快乐与成长的经历，甚至记录下来，在未来与孩子共同回味。在分享这些美好回忆的过程中，孩子会不断地重温团队的力量，回味在团体中的成长，并由此获得信心和勇气。

34. 让孩子在玩乐中放松心情

小达是个性格内向的孩子，在上幼儿园之前，父母就发现他不喜欢和别的孩子一起玩。如果在外面看到一个小朋友，小达还会上前跟他玩，可一旦孩子愈来愈多，他就会很快地走开。

爸妈想，或许小达读书后就会有所改变，但小达直到上了小学，孤僻的性格仍然没有改变。据老师反映，小达在团体活动中，更愿意当一个旁观者。爸妈开始有点着急，他们也发现儿子没有什么朋友。为了改变小达过于内向的性格，爸妈决定跟小达谈一谈，可令他们吃惊的是，小达对于团体活动的定义是"没意思"、"烦"、"傻"。

为了进一步了解儿子的心理，爸妈找到老师了解情况。从老师的叙述里，爸妈发现小达从来没有担任过团队活动中的任何职位，儿子不喜欢团体活动的原因，可能是他在活动中没有参与感，进而不能真正地融入。

在老师的建议下，爸妈让小达进了学校的美术社。小达原本就有些绘画的天赋，加上他内向的性格也适合这种比较安静的活动，所以对进社团完全不反对。在社团里，小达不爱说话，但他的作品经常受到表扬，所以大家都想让小达帮忙给自己的作品提意见，小达也非常乐意跟大家一起交流绘画方面的问题。

虽然小达从未表现出特别的高兴，但爸妈会经常问他社团的事，还会不时邀请跟小达要好的朋友来家里玩，每次的社团展览也都积极参与。渐渐地，小达会说一些社团发生的趣事给爸妈听，假日也会跟朋友们出去玩，而不再是独自待在家里。看着小达的改变，爸妈感到很开心。

写给家长

每个孩子或多或少都参与过团体活动，在这些活动中，不可能做到每个孩子都被一视同仁。特别是在没有大人参与的情况下，团体活动会如社会分工一般，也会给每个孩子一定的任务。就像小时候玩的抢军旗游戏，当孩子被分成两组的时候，会主动选出各自的将军和参谋，再由他们分配给其他孩子守门、阻击、抢夺等任务。在活动中，表现优秀的孩子会受到追捧,其职位可能升高,或受到更多团体活动的欢迎。而一些表现差劲或捣乱的孩子,则会降低级别,甚至被驱逐出团体活动。这些被贬低的、被驱逐的孩子,对团体活动的参与感会愈来愈少,最后对团体活动失去兴趣,或者产生敌意。这样的孩子,就是有团体障碍的孩子。

其实这些孩子并不是不喜欢团体活动,他们可能因为性格内向而缺乏自我推荐的能力。或者是想要表现自己却没找到好的方法。有的则是真的有能力上的缺陷,无法跟上其他孩子的步伐。虽然他们心中想与人玩耍,却因为自身的原因而没有办法融入。团队活动留在他们心目中的,可能是遗憾,也可能是不满和愤慨。

小达正是如此,他也会主动与小朋友交往,但当他处在团体中的时候,内向的性格使他无法向小朋友们推荐自己,当然就有可能被忽视。即使某个游戏是由他发起的,但他可能会很快被排挤在游戏之外。无法在团体活动中获得参与感的小达,开始拒绝团体活动,更为团体活动加上“没意思”、“烦”、“傻”的标签。所以,小达对团体活动的冷漠和排斥,事实上是对他无法参与活动的不满。

针对有团体障碍的孩子,父母不能只把孩子当成文静或另类来处理,应该认真观察孩子的喜好兴趣,为他们寻找更适合孩子的团体,这对改变孩子孤僻性格有很大的帮助。

将孩子送进社团是让孩子更好地融入团体的好方法。和专门用于学习的班级来说,社团没有强制性,更为松散,也不容易带给孩子压力。社团的人数通常少于班级的人数,孩子之间的关系会更为紧密。同时,社团的活动也更具娱乐性,孩子在玩乐中更容易放松自己。

对于社团的选择不是一件随意的事,通常父母应该建议孩子去参加符合他们性格、兴趣的社团,有朋友参与的社团也是可以考虑的。小达原本是对团体活动很抵触的孩子,不过他的父母发现他有绘画的天赋,让他进入美术社这样的社团,就不容易引起他的反感。另外,绘画本身是一种较为安静的、相对独立的活动,虽然是社团,但通常只是大家在一起画画、交流,而没有太多剧烈的争抢,也不需要努力表现,只须把自己的画画好就行了,这正符合小达的性格。父母正确地为小达选择了社团,才使小达在社团中感觉到了参与的快乐。

不过,不是每个孩子都能在社团中表现出优异的一面,很多孩子可能始终表现得很普通,甚至是糟糕。针对这样的孩子,除了要更为细心地为他们选择社团之外,还需要进行一些单独的辅导,比如对于预知的活动进行预演。父母可以先和孩子一起演练在社团中将要进行的活动,让孩子熟悉活动规则和技能。或者也可以找老师单独辅导某方面的技能,这样能让行为能力或思维能力较差的孩子,在团体活动中增强自信,帮助他更好地与别的孩子交往。

当然,也不能把孩子扔到社团里就期待有好的结果,父母在这个过程中的适度关心也很重要。父母应该对社团的孩子有一定的了解,与孩子讨论社团里发生的事,参与社团向父母开放的活动,邀请社团的孩子来家里作客。在这个过程中,不但孩子会感觉自己有一个后盾,父母对社团活动的关心也会成为孩子继续的动力。不过,父母的关心应该是适度的,如果过分关心也会给孩子带来压力,孩子可能反而会远离社团。

★ 有团体障碍的孩子,也渴望融入团体中。
★ 根据孩子的爱好和性格来选择社团。
★ 对社团的适度关心能促进孩子的融入。

35. 名人的无形力量

有一天,小乐找爸爸要他的压岁钱,爸爸问要多少,小乐居然说要全部。爸爸很吃惊，小乐从来没有一次要过那么多的钱。

"你要那么多钱干什么？"

小乐犹豫了一下，说："我要买小罗纳尔多的签名海报。"

小乐是个小小足球迷，不仅经常和朋友一起看球赛、踢球，还在卧室里贴满了球星的海报。小乐也经常邀请爸爸一起看球赛，但爸爸都因为工作忙而抽不出时间。最近爸爸收到了老师的投诉，说小乐学习成绩下降，还曾在一次比赛中打架，这让爸爸觉得需要花时间好好了解儿子了。

"你很喜欢小罗吗？"

"那当然，小罗很厉害哦！"看到爸爸没有表示反对，小乐又继续聊起他心目中的明星了，"我在网络上看到过一段他踢球的视频，他能连续不断地把球踢到门柱上！……"

爸爸跟小乐聊了一会儿，发现小乐很喜欢那些有成就的球星，便同意用压岁钱买签名海报。小乐将海报贴在最显眼的位置，还不时学海报中的小罗纳尔多摆姿势。从此，爸爸开始收集关于小罗纳尔多的各种资料，并挑一些精彩的表现来讨论，例如：他如何取得成就的故事等等。后来爸爸还会跟小乐一起看球赛，除了讨论球技、战术外，也会讨论球星的球德以及他们的生活。

第二学期的家长会，爸爸找老师了解情况，老师说小乐现在成绩不再下滑了，还很懂得关心同学，足球技术也有了进步，并且在一次足球赛中，制止了队员间的殴打。

写给家长

追星是孩子的爱好之一。他们不仅喜欢收集跟明星有关的物品，还喜欢模仿明星的行为、话语、穿着等。所以，名人在小孩子的心目中有着不可低估的力量。就像小乐，对于他喜欢的明星，他愿意拿出全部的积蓄来买一张签名海报。

不过与孩子相反的是,父母往往很反感孩子的追星行为。他们看到的是孩子为了追星而浪费金钱、荒废学业,有些孩子还会因此交上坏朋友,染上坏习惯。确实有不少孩子在追星的过程中,偏离了正途,他们不再喜欢上学,相信一夜成名,模仿明星们很酷的样子,为了让自己与众不同而变坏。所以,父母对孩子追星的担心是可以理解的。

一般情况下,父母对孩子的追星行为会明确地表示禁止或斥责,有些父母虽然不完全反对,但如果追星行为涉及金钱或与学业有冲突时,就会严厉禁止。有的孩子在父母的规范下,确实会减少追星的行为,但有的孩子却可能心生叛逆,反而变本加厉。

其实不止孩子,父母在孩提时期也会有崇拜的对象,长大后也会有喜欢的演员或欣赏的名人。对于喜欢的名人,我们通常会多看他们的演出,多读他们的书,甚至学习他们的做事方法,这和孩子追星的行为其实没有多大差别,只不过更为理智而已。因此,孩子对优秀人物表示崇拜,是应该得到父母理解的。

小乐的爸爸就做得很好,他并没有因为老师的投诉就反对儿子追星。面对儿子要用所有积蓄买签名海报的举动,也没有马上阻止。了解到儿子是真的很欣赏小罗纳尔多的时候,他支持孩子的决定,因为他相信,凭明星在儿子心目中的重要地位,一定能带给孩子好的影响。

最值得一提的是,小乐爸爸在对儿子追星的支持中,也没有任意纵容。他通过收集球星的资料,与儿子一起观看球赛的过程,不仅将足球的乐趣带给儿子,还告诉儿子每个成功者背后付出的艰辛。对于球场规则、球员道德及生活作风等问题的讨论,更是将一些正面的思想,用儿子能接受的方式传递给他。在这个过程中,没有死板的说教讲些大道理,小乐是在与爸爸快乐的讨论中自然地接受。小乐的变化,其实是跟爸爸的努力分不开的。

所以,对孩子追星的支持也需要掌握方法。不要任意打压孩子的要求,面对喜欢追星的他们,要先了解孩子的追星动机是什么。面对能够带来正面影响的名人,要懂得认同孩子,这样孩子才可能将心里话说出来。

　　针对孩子对明星的认识来引导孩子,通过与孩子分享明星的事情,来潜移默化地影响孩子,让明星的无形力量帮助孩子树立良好的观念和习惯。有了明星的力量,父母更容易与孩子成为朋友,孩子也更愿意听父母的意见。

　★ 对明星的崇拜,是孩子为自己寻找的榜样。
　★ 在与孩子共同追星的过程中,给孩子正面的观念。
　★ 借助孩子喜欢的偶像明星,也能找到更好的教育切入点。

Part 6

第六章
培养具有冠军相的孩子

想要培养孩子成为冠军，就需要给予孩子全方位的技能，从学习方法到才艺特长，从外表行为到内心思维，每个方面都不可忽略。不过，最重要的，还是要让孩子拥有一个健康和积极的心态，以及借鉴他人成功经验的谦虚态度，这才是他成为冠军之前所必备的素质。

　　我们每个人的经历和能力都是有限的，没有一个人能真正单独地依靠自我的力量获得成功。很多时候，我们以为不需要依靠别人也能成功，可是却发现事与愿违，即便最后到达了预定的目标，但是却需要花费更多的精力和时间。原因很简单，因为我们都不可能经历过所有的事情。如果能够从别人身上借鉴经验，就可以加快达成目标的速度。

　　在孩子的成长过程中会遇到各式各样的人，他们当中的大多数都会有超越孩子的地方。要教会孩子用平常心来看待这种差距，不要看到比自己更强的人就嫉妒，甚至去诽谤，这样只会让孩子变成不思进取、心胸狭隘、能力低下的庸才。想要成为真正的冠军人才，就应该懂得如何与比自己更优秀的人相处，从成功人士和优秀团体那里学习和借鉴有利于自己的成功经验，用别人的才华来帮助自己获得成功。

　　强者之所以会愈来愈强，就是因为他们懂得聆听成功人士的经验，并以此作为奋斗的动力，为自己迈向成功道路创造更加优质的环境。其实，当孩子懂得借鉴别人的成功经验时，他们的人际交往能力也已经得到了极大的提升。这些在不经意间建立起来的人脉资源，也会为孩子踏上冠军的成功路提供一臂之力。

培养孩子遇到问题，永远正面思考

从前，有一群青蛙展开了一场登高比赛，它们把比赛的终点设在一个非常高的铁塔顶端。比赛还没有开始，来看热闹的青蛙们一致认为，塔太高了，不可能会有谁爬得到顶端。

哨声响起之后，选手们奋力往上爬着。可是没过一会儿，大部分青蛙都感觉体力不支，再想想刚才大家议论的话，更是没有了动力，纷纷退出比赛。可是，就在大家都准备散去时，发现铁塔上还有一只小青蛙努力往上爬，完全没有放弃的意思。最后，它成为唯一一只到达塔顶的胜利者。

当大家包围着这只获胜的小青蛙，想要知道它坚持下去的力量来自哪里时，才发现，原来这只青蛙是个聋子。

故事告诉我们，周围那些消极、悲观的言论和思想，轻而易举地就可以摧毁自信，而听不见的小青蛙心里却只有成功的目标，当它一心往上冲的时候，自然就会勇者无惧。

孩子的生活也是如此，他们对世界的认识几乎全部来自于父母以及周遭的人。如果总是听到积极的话语，看到向上的举动，这些正面的讯息就可以给予孩子力量，让他们保持积极和乐观。反之，就算孩子心里拥有小小的梦想，也会被消极的言论行为慢慢吞噬，变得毫无憧憬。

很多时候，成功的人之所以能够取得我们无法企及的成就，唯一的差异就是考虑问题的方法。一个人能否成功，关键就在于"心态"。也许我们无法改变世界，却可以改变孩子面对世界的态度。身为父母，要教会孩子如何乐观看待人生，永远用正面、积极的态度思考问题。唯有如此，才能让孩子拥有最美好的梦想和希望。

36. 管好孩子的灰色情绪

　　严太太的女儿叫小丽，正在上小学五年级。尽管严太太和丈夫都是老师，而且丈夫还是教数学的，可是女儿的数学成绩始终不太好。

　　这天晚上，吃过晚饭之后，女儿就开始做作业。这天的作业是一张数学试卷，刚开始女儿做得还算顺利，但是到了最后关头，其中有三道题女儿都不会做。眼看着女儿挠头想了半天，还是没有找到正确的解题方法，严太太只好请丈夫给女儿讲解一下。

　　刚开始，爸爸和小丽讲解了一遍。大概是没听懂，小丽还是说不会做。无奈之下，爸爸耐着性子又讲解了一遍，可是小丽还是没听懂。本来挺简单的一道题，连续讲解了两遍，孩子都没听懂，只会说"我不知道"、"我不会做"，如此一来就彻底惹恼了爸爸，干脆不讲了，自己回到客厅去看报纸。后来，严太太又和女儿讲解了很长时间，小丽才终于弄明白这几道题要怎么做。

　　除了数学成绩比较差之外，小丽在其他方面的没信心，也让严太太伤透了脑筋。例如：有时候她带着女儿出门，路上遇到了同事，同事总会夸女儿几句。如果对方说："你长得好漂亮呀！"女儿会马上反驳道："我长得不漂亮，我很丑。"有一次，学校办演讲比赛，班上要选几名同学参赛，小丽被选中了，可是她说什么也不去。小丽告诉妈妈，不想参加比赛是因为怕比输了丢人。

　　有一天晚上，严太太陪女儿一起回房间睡觉，躺在床上的时候，女儿突然问："妈妈，你说我怎么会这么笨呢，一点用处都没有，有时候觉得活着一点意思都没有。"听了女儿的话，严太太的心头一颤。她不知道，小小年纪的女儿，为什么总是喜欢否定自己呢？

写 给 家 长

　　情商（EQ），又被称为情绪智商，是指人在情绪、情感、意志、耐受挫折等方面的质量，它包括认识自身的情绪、管理自身的情绪和自我激励等几个方面。

　　在以往的观念中，一个人能够取得成就，智慧是决定性的因素，似乎智商愈高，取得成就的可能性就愈大。但现在心理学家普遍认为，一个人的情商水平高低，对未来所取得的成绩也会产生重要的影响。

　　不可否认，智商的高低与先天遗传因素有关。可是，研究发现，后天的因素对情商的影响反而更大一些。在孩子的成长过程中，后天的学习以及生活环境的影响等，都可以培养和影响到孩子的情商发展。

　　和故事中的小丽一样，孩子正处于情绪体验较为丰富的年龄层，具有很强的认识和表达情绪的能力，可是，这同样也是孩子情商发展的关键时期，他们很容易受到外界环境的影响，很难对自己的行为和面对的问题做出客观、公正的评价，因此也更容易产生各种负面的灰色情绪。

　　只要稍微留意，你就可以发现，"我不会"、"我不敢"、"我不要"这样的话，几乎就是孩子的口头禅。只要遇到没有把握的事，这些词语就会从孩子的嘴里脱口而出。当他们以为这就是解决问题的最好办法时，其实心里已经开始受到消极情绪的控制。

　　想要让孩子拥有冠军品质，心理关和情绪关是一定要过的。因此，父母应该帮助孩子克服灰色情绪，尤其是那些性格内向的孩子。如果能够和孩子坦诚地对话，你会发现，其实孩子的消极情绪几乎都是来自于他们稚嫩的想法。例如：偶尔被父母骂一句"你这个没用的东西"，孩子就会认为自己真的很笨、没有价值；如果某一次考试的成绩太差，孩子的第一直觉就是自己脑袋笨。总之，只要是失败的事情，他们就会把原因归结为是自己太笨，伴随而来的就是各种消极的情绪。所以，一旦孩子产生灰色情绪，就要想办法让他们讲出来，然后针对性地给予辅导，帮助他们转换思维。

　　要引导孩子克服灰色情绪，父母首先应该管好自己的消极态度。很多时候，孩子消极的态度是受到父母的感染。试想，如果父母整天在家唉声叹气、怨天尤人，孩子如何还能积极得起来？所以，用积极乐观的态度面对工作和生活，是父母能够带给孩子的最好榜样。

　　父母的鼓励更是孩子信心和勇气的源动力，会让孩子对生活充满希望。不管孩子遭遇到什么样的困难，父母的支持都能够给他自信，帮助他摆脱困难。因此，给予孩子鼓励，也是帮助孩子摆脱灰色情绪的方法之一。

　　当然，让孩子学会面对自己的灰色情绪，也是颇为关键的。大方地告诉孩子，爸爸、妈妈也会有没自信的时候，也会有感觉很困难的时候，可是这并不可怕。还可以给孩子举一些例子，告诉孩子你是如何战胜这些灰色情绪的。父母是孩子最好的榜样，你的这些经历，对孩子有很好的激励作用。

　　童年应该是快乐的，不要让灰色情绪控制孩子。父母要努力帮助孩子建立起积极的思想，让孩子用饱满的精神去迎接每一天的到来，用向上的态度乐观地生活。

> ★ 情商水平对孩子的将来同样有至关重要的影响。
> ★ 用积极乐观的态度面对工作和生活，给孩子做好榜样。
> ★ 逃避无济于事，要鼓励孩子学会面对灰色情绪。

37. 嫉妒心会扭曲孩子的品格

　　雯雯今年六岁，长得乖巧漂亮。为了培养女儿的气质，妈妈送她去舞蹈班学习。由于雯雯的聪明，再加上老师也很喜欢她，她的舞蹈水平进步得非常快，很快就超过了班上的其他小朋友。

本来，老师三天两头的表扬还让雯雯挺开心的，每天回家都兴冲冲地表演给爸爸、妈妈看。可是，俗话说树大招风，老师的赞扬很快就给雯雯带来了一些不愉快的事情。这天，从舞蹈班放学回家之后，雯雯就跑进厨房向妈妈告状。

"妈妈，今天我们舞蹈班有一个同学说，她以后再也不跟我玩了。"

"为什么呢？"妈妈不解地问。

"她嫉妒我长得太漂亮了，嫉妒老师喜欢我。"

看着雯雯一脸认真的样子，妈妈忍不住大笑起来，在客厅看报纸的爸爸也说雯雯是在乱说。"怎么可能会有这种事呢？就算你不喜欢这个同学，也不能这样说谎、编故事吧，说谎的孩子，鼻子可是要变长的哦……"看见爸爸、妈妈都不相信，雯雯就不再说了。

第二天，妈妈送雯雯去舞蹈班的时候，特意问老师。老师说，的确有这件事情，是她亲耳听到的。说这个话的小朋友舞跳得一般，却很讨厌和跳得好的小朋友一起玩。为了这件事，老师已经批评了这个小女生好几次了。看来，雯雯的确没有撒谎。

写给家长

科学研究证明，嫉妒的负面情绪几乎是与生俱来的。我们都看到过这样的场景：如果妈妈当着孩子的面抱其他的婴儿，或者逗其他小朋友，孩子就会有所反应，表现出哭闹和不安等。当孩子长到五六岁，如果发现其他小朋友的衣服更漂亮，或者是玩具更高级，他们都会表现出不愉快的情绪。由此可见，孩子的嫉妒心并不亚于成人。

如果你细心观察就会发现，每个孩子身上都存在着嫉妒心，只是程度不同而已。尤其是在生活条件愈来愈优裕的今天，孩子在家里享受众星捧月的待遇，总是想要把最好的东西都占为己有。在家里，大家都让着他，可是到了外面，发现自己所拥有的并不是最好的，又不能马上得到，自然就会产生嫉妒心。在孩子的交往过程中，相互之间的竞争也容易让他们产生嫉妒心理。

一旦孩子产生嫉妒情绪，往往就会变得喜欢指责别人，或者总是在想办法，让别人变得不如自己。严重时，孩子的性格会变得很古怪。故事中那个想要疏离雯雯的小朋友，不就是这样的吗？

虽然嫉妒的情绪不能完全避免，但是如果孩子的嫉妒心过于强烈，并且任由它发展，就容易形成一种心理上的扭曲，让孩子变得心胸愈来愈狭窄。当孩子滋生嫉妒心，最讨厌的事情就是看到别人比自己好，还喜欢通过排挤他人来取得成功。所以，父母要时刻注意孩子的情绪，要让孩子懂得什么是正当竞争，并努力克服自己的嫉妒心理。一旦发现孩子产生嫉妒心，应该马上采取措施进行疏导。

要防止孩子产生嫉妒心，父母在平时就应该多关心他们，善于去发现孩子身上的优点，给予孩子适当的鼓励和表扬。当然，人多少都存在嫉妒的心理，看见别人获得自己没有的荣誉，心里肯定不好受。此时，要帮助孩子转移注意力，而不是用刺激性的语言去给孩子"激将"。很多父母总是喜欢说"看看人家做得多棒，你怎么这么没出息"、"就你这个笨蛋，一辈子也别想有好成绩"等类似的话，不仅发挥不了积极的作用，反而还会伤害孩子的自尊心，让孩子陷入嫉妒的坏情绪中。

同时，如果孩子生活在充满嫉妒的家庭中，因为受到环境的影响，也容易产生嫉妒心。若父母在孩子面前议论、贬低、猜疑他人，也会造成孩子嫉妒心理的萌芽。所以，父母要做好表率，用自己的言行来教育孩子。

还有一点不得不说，缺乏自信的孩子往往更容易产生嫉妒心。当你发现孩子的嫉妒情绪时，请不要过于指责，更不要冷嘲热讽，不妨态度诚恳地听听孩子是怎么说的，然后带着孩子一起分析，找出嫉妒心的根源，消除孩子心中的不平衡，寻回丢失的自信。

　　良好的心态可以帮助孩子建立自信和自尊，让孩子心胸开阔、大度乐观，这是孩子成为冠军的心理保障。

> ★ 嫉妒是孩子与生俱来的情绪。
> ★ 任由嫉妒情绪发展会让孩子性格变得扭曲。
> ★ 父母的表率和鼓励，是消除孩子嫉妒心的关键。

给孩子成功的"心态"

身为父母，事业、家庭和孩子应该是同样重要的，不能厚此薄彼。尤其是孩子，他们年纪尚小，有太多事情需要依靠父母。有了父母的帮助，他们在将来的人生路上才会更有后盾，做任何事情的时候都会有人教，遇到问题才能有人可以问，遇到挫折才能够有个港口可以避风。除了父母，没有人可以给孩子这些。

但是，父母不可能陪着孩子走完一辈子。想要让孩子走好人生的道路，在没有父母陪伴时，依然能够从容面对生活，就必须要给孩子灌输一些有益的观念，把它们变成孩子人生道路上的"良师益友"，随时提供动力给孩子。

清代的著名画家郑板桥曾经说过一句话："淌自己的汗，吃自己的饭，自己的事情自己干；靠天、靠地、靠祖宗，不算是好汉。"这句话告诉我们，孩子的人生道路终究还是要依靠自己来走。一旦孩子拥有正确的观念，那么不管在什么样的情况下，孩子依然能够保持相当的平静，在别人感觉走投无路的时候，他仍然会有多种选择的可能。

要培育孩子正确观念，最好的办法就是从日常生活开始点滴灌输。让孩子学会根据自己的兴趣和特长，从众多的选择中找出最适合自己的那一个，这样可以避免在努力的过程中走弯路。更为重要的是，要有不满足于现状的心态和活到老学到老的热情，这些都将会是带给孩子收获的"良师益友"。

不要以为孩子只能生活在父母的保护伞下，给他们一些时间和机会，他们就会带着这些"良师益友"，活出属于自己的精彩。

38. 提早确立适合孩子的目标

　　于先生有一个六岁的女儿，本来一开始他打定主意，要让孩子快快乐乐地成长，将来的大小选择都会让孩子自己去做，不会干预孩子的兴趣。可是，看着周围的朋友、同事纷纷把孩子送到学习班，要从小开始培养孩子的特长，于先生也有点坐不住了。最后，他带着女儿去报名参加钢琴培训班，并且还花大钱给女儿买了一架钢琴。

　　刚开始上课的头几天，钢琴这个"能发出声音的大盒子"一下就吸引了女儿的注意力，每天都学得津津有味，回家也会主动练上好一会儿。这一切看在于先生心里，让他高兴得不得了，暗暗庆幸自己为女儿选对了路。

　　可是，这样的情况并没有持续多久，新鲜感过去之后，女儿对钢琴的热度也慢慢降温了。虽然培训班的课还是坚持在上，但是女儿偶尔会想要找借口不去。回家之后，常常象征性地练习一下，然后就跑到一边去玩芭比娃娃了。

　　为了给女儿强化练习，于先生特地帮女儿请了一个钢琴家教。教了好一阵子，女儿的水平并没有明显提高。刚开始，于先生还以为是老师的教学方法和水平有问题，所以就又换了一个家教，可是情况还是没有改善。每次上课，女儿学不了几分钟，就会嚷嚷着有问题，一会儿大声说："爸爸，我的背好痒喔，你帮我挠一下吧！"一会儿又是"爸爸，我鞋子里好像有东西，弄得我的脚好难受"。反正，女儿总是有千奇百怪的理由。

　　本来每堂课是一个小时，可是被女儿这么一折腾，真正的学习时间加起来还不到二十分钟。最后，老师告诉于先生："你女儿年纪太小了，而且性格太好动，不太适合学习钢琴。再这样学下去，只是浪费钱，还是等她大一点了再学吧！"

写 给 家 长

每个人的人生都需要方向和目标。对于成长中的孩子来说,正确的方向和目标是未来成功的基础。

父母应该帮助、引导孩子,确立适合他们的目标和努力的方向。不管这个方向是否伟大,是否具有非常特殊的意义,只要它是孩子的爱好和兴趣,并且是建立在孩子正确的自我认识上,就应该是适合孩子的。

故事中的例子,在生活中其实非常多见。很多父母在培养孩子的兴趣爱好时,很容易患上爱比较和盲目跟随的毛病。选什么样的目标和方向,并不依据孩子的自身条件,也不看孩子的爱好和兴趣,反而把关心的目光放在周围的人身上。别人的孩子学什么,自己的孩子就要学什么,生怕一不小心就落后了。有时候,有的父母之间甚至还会暗自较劲,比谁的孩子学的东西更高级。

尽管早期的兴趣培养对孩子的成长非常关键,但是于先生不顾孩子的特点,为孩子选择学习钢琴,多多少少都包含着盲目的成分。这样做的后果,往往是孩子被逼着学习,效果出不来,钱也花费了不少,到头来很有可能一切都是白费,既损失了金钱,也丢失了孩子的快乐,更伤了父母的心。

其实,孩子的目标和方向,并不是非要树立得远大才好,莫非想要当科学家的孩子就比想要当司机的孩子更优秀?当然不见得。什么样的目标和方向并不是最重要的,关键是要适合孩子。孩子才是自己命运的舵手,他才是最有权利决定方向的人。

可能你觉得孩子还小,不能理性地做出判断,那么就请你确定一个孩子感兴趣的目标和方向。根据孩子的年龄和性格特点来看,他们的注意力是很有限的,可是如果面对的是自己感兴趣的东西,他们就非常乐意地投入其中,并且会更容易集中精力和保持注意力。

要教会孩子为自己确立正确的努力方向,首先要弄清楚孩子的兴趣和特长。如果孩子已经在某一方面展现出天分，那就鼓励他坚持下去。不要因为孩子的喜好跟父母不同，而强行要求孩子改变方向。如果孩子喜欢唱歌，就不要硬让他去学医；如果孩子擅长跳舞，又何必让他去练游泳。也许孩子顺了你的意，朝着你想要的那个方向走了，会让你觉得高兴，可是却很可能付出他们的未来作为代价。父母的梦想不该在孩子身上延续，更不能让孩子成为父母梦想的替代者，他们应该有属于自己的梦想和努力的方向、自己的人生。

不是每个孩子都清楚了解自己的兴趣和特长。在这种情况下，父母当然也可以利用自己的经验和判断，帮助孩子确立初步的努力方向。但是，不要用父母的威严逼迫孩子按照你的想法去做，而应该告诉孩子这样做的理由是什么，让孩子理解父母的动机。在这个过程中，孩子会对自己的行为有充分的理解，清晰的思路更加有助于他们建立自己对问题的思维逻辑，在日后逐步做出自我调整，找到真正适合自己的努力方向，进而使他们在离开父母之后，也能把握好自己的未来。

当然，在确立孩子的努力方向时，适合的难度和恰当的目标，也会为孩子的成功打下基础。如果目标很高、很难，孩子会很容易厌倦，那么原本应该是享受的努力过程，到最后就会变成孩子的噩梦，让他们想要放弃。所以，孩子的目标不要过高、过远，让他们在努力的过程中不断地调整，最后才有可能找到自己的位置。

选一条适合的路，才能让孩子到达成功的彼岸。

★ 父母如果有爱比较和盲目跟随的毛病，会让孩子"误入歧途"。

★ 感兴趣的东西会让孩子的努力更容易得到回报。

★ 让孩子理解为什么这样做，能让孩子学会如何寻找正确方向。

39. 培养孩子"一定可以"的处事态度

周末的下午,冯女士带着女儿来到公园玩耍。公园里十分热闹,女儿在草坪上追着蝴蝶,冯女士自己则找了一块空地席地而坐。

"妈妈,我去那边玩单杠。"女儿指着几步远之外的游乐区,兴冲冲地说道。

见冯女士点头应允,女儿雀跃地跑过去了。只见她小巧的个子轻易地跳上了单杠,可是,当她想翻单杠的时候,却遇到了一点小麻烦。任凭她怎样努力,都无济于事,身体始终就是不听使唤。

"妈妈,怎么办呀?我转不过来。"女儿跳下来,哭丧着脸走到冯女士身边。

在大人眼里，这是一个非常简单的动作。但是对女儿而言，或许有点难度。冯女士笑着安慰女儿说："耐心地坚持下去，你一定行的。"

"真的吗？"听了妈妈的鼓励，冯女士的女儿又高兴地跑了过去。只见她小脸憋得通红，费了好大劲在单杠上僵持了好一会儿，最后终于翻了过去。

成功后的女儿兴奋地跑过来，围着妈妈又跳又唱地说："妈妈，你看我是不是很厉害，我成功喽。"

"宝贝，妈妈看得出来，这一次你已经有了很大的进步。从现在的情况来看，你还可以做得更好。我们再来试一次，看能不能连续转三圈。"冯女士满脸期望地说道。

"啊！三圈好难哦！能转一圈就不错了啊，干吗要多转两圈啊！"女儿有些不乐意。

"一次成功很有可能是偶然，但是如果你能连续转三圈，就能证明那是你真正的实力。妈妈相信你，你一定行的！""嗯！"受到鼓励的女儿再一次振作出发，又来来回回地试了四五次，最后终于用一个漂亮的动作完成了在单杠上连续三次的翻转。

"妈妈，我成功了！"女儿兴奋地喊道，得意地坐在单杠上面，笑脸像绽开的花儿一样，冯女士也开心地对女儿竖起了大拇指。后来，女儿在日记中写下这件事情，老师还给了她一张优秀的星星贴纸。

写给家长

有一句俗话叫做："说你行，你就行，不行也行；说你不行，你就不行，行也不行。"通常情况下，这句话是用来形容掌握大权的人对属下的一种控制。如果仅从字面上的意思来看，这句俗话显得非常霸道，但是在现实生活中，往往很多事情还真是如此，内心的坚信总是能够带给人们很多奇妙的力量。

故事中的冯女士很清楚，如果她在女儿无法翻越单杠的时候，告诉女儿不行就放弃算了，那就意味着女儿在今后遇到任何困难时，都将有可能会把退缩作为第一选择。当然这也同时意味着，女儿会比其他人失去更多的机会。所以，她才会一次又一次地鼓励女儿，告诉女儿"一定行"、"一定能成功"，这在无形中就给了女儿很大的勇气和信心，也教会了女儿在面对困难时所需要的正确态度。更为重要的是，当女儿为自己的成功沾沾自喜时，冯女士为女儿提出了更高的目标，让孩子不断挑战自我、超越极限，这才是让孩子学会真正成功的方法——不断地攀登。

很多时候，心理暗示所能带给我们的，是连我们自己都感觉到诧异的神奇力量。当你坚信孩子"一定行"的时候，他就真的一定行。这其实就是父母的"你一定行"这句话，对孩子产生了极大的心理效应。但是，往往在我们认为自己已经"行"了的时候，就会掉进自我满足的圈套里，不愿意再继续向前。很多人之所以一生都在平庸中度过，就是因为太满足于眼前的小成就，而忽略和放弃了前方更大的成功。

孩子想要在人生的道路上取得不俗的成绩，就要养成"一定要"的想法。所谓"一定要"，就是指要一直保持一种不满足的心态，不满足于现有的成就，不断地挑战更高的目标，这样才会有更高的成就。

日本的直销天王中岛薰说："我向来认为自己最大的敌人就是满足。成功永远只是起点，而不是终点。"由此可见，若要培养孩子"一定要"的想法，首先要培养孩子永不满足的心态。当然，这并不是要孩子变得贪得无厌，而是让孩子在获得一次的成功之后，仍然坚信自己下一次也能获得成功，并且用这一次成功所获得的经验和信心，更好地达成下一个目标。

除此之外，教会孩子客观地认识自己，也是培养"一定要"想法的另一种方法。当孩子能够对自己有清晰的认识，就能更加客观地看待自己的目标和能力，理性地自我衡量，会使孩子对自己的人生做出进阶式的计划，理性地看待取得的成绩，而不是为一点小成就沾沾自喜。

我们常说，有些有钱人在当上百万富翁后就想当千万富翁，当上千万富翁后又想当亿万富翁，真正身家过亿之后，又盘算着怎样才能登上《福布斯》杂志的富豪榜。其实，就是"一定要"的不满足心态在推动着他们不断地努力。孩子的成功也是如此，当他学会这种不满足心态，就会在不断的成功中找到自信。而持续膨胀的成功欲望，也会驱使着孩子努力地朝冠军方向迈进。

★ 积极的心理暗示能够带来神奇的力量。
★ 培养孩子永不满足的心态。
★ 让孩子理性看待成功，不断地挖掘更大的潜能。

40. 一辈子保持学习的热忱

晓华是个五岁孩子的妈妈，在经历了初为人母的喜悦之后，孩子身上日益暴露的问题也让她感到心烦不已。孩子一天一天长大，个子在长高，好奇心也随之一路攀升。小家伙好像永远都停不下来，一会动一下家里的电视机，一会儿又玩鱼缸里的金鱼，过一会儿又开始敲打自己的玩具，一刻都不得闲。每次等晓华准备收拾的时候，家里已经被孩子弄得乱七八糟了，连墙壁上都是孩子五颜六色的"杰作"。

这个周末的下午，看见孩子在房间的玩具堆里一个人玩得正高兴，晓华就兴冲冲地开始收拾房子，顺便把洗好的衣服熨烫一下。一边熨衣服，一边想着家里的事情，过了好一会儿，突然回过神来的晓华才惊觉：已经好一会儿没有听到孩子的声音了。一向爱吵爱闹的孩子突然安静下来，这种情况真让人紧张不已。

是不是孩子出了什么状况？晓华连忙丢下手中的熨斗，奔向孩子的房间。孩子会不会被玩具堵住了气管？是不是钻到哪个角落里爬不出来了？难道是孩子睡着了……短短几秒钟，晓华脑袋里却已经出现了好几种可能性。

当晓华冲进房间的时候，看见孩子正端坐在地板上，专心致志地看着图画书。看到孩子平安无事，晓华连忙蹑手蹑脚后退两步，生怕自己破坏了这个美好的画面。晓华在心里默默祈祷：希望孩子能安安静静的，一直这样爱学习，一直这样努力下去……

写给家长

总有那么一些时刻，当父母的看到孩子专心致志地学习，就希望孩子能保持住这一刻的热忱，一直这样用心下去。因为，这样不仅做父母的可以更省心，孩子未来的成就也更有保障。这是普天下父母的心愿，哪怕自己的孩子只有五岁，哪怕孩子安静地看书只是突然被吸引而已。

学习对于我们每个人来说，都是无比重要的事情，对孩子的未来更是关键。天下父母都一样，希望自己的孩子能够打从心底喜爱学习，并且能够一直保持热度。可是，现实往往与理想是有差距的。在孩子还比较小的时候，对周围的事物总是怀有高度的好奇心，这促使他们积极地去探索和学习，哪怕仅仅是初级阶段。

可是，尽管孩子都带有这种与生俱来的求知欲，可是它并不能在孩子的一生中持续坚持下去。父母往往会发现，当孩子上学后，有系统地学习知识时，他们就会滋生厌学的情绪。所以，保护和激发孩子的好奇心和求知欲，让他们把学习当成是一件快乐的事，是父母培养冠军孩子的最关键问题。

在孩子的教育过程中，我们始终在强调："父母是孩子最好的老师"。在培养孩子学习热忱的问题上，父母也要发挥好榜样的作用，要善于和孩子一起分享你的学习热情。无论是你在书上看到的一个趣味小知识，还是你在网络上读到的一篇精品美文，又或者是你发现的一本好书，都应该把你从其中获得的乐趣拿出来，和孩子一起分享。通过你大致的讲解，也许孩子并不能完全读懂其中的具体意思，但是他至少接收到了一个讯息——大人也是喜欢学习的。这样一来，榜样的力量会首先为孩子营造一个爱学习的环境和氛围。

当然，要培养孩子学习的热忱，还是要从他们的爱好入手。美国芝加哥大学针对天才运动员和天才艺术家进行过一项调查研究，最后的结果显示，这些人的共同之处就在于，他们的父母都是从很早就开始认可和鼓励他们的特殊爱好，并且尽最大可能地提供帮助。所以，如果孩子喜爱自然科学，不妨常常带他去动物园、科技馆看看；如果孩子喜爱文学，图书馆、书城、文学名人故居便是培养兴趣的好地方。父母能够做的，就是为孩子的爱好提供丰厚的知识和拓展的渠道，给他足够多的"养分"，这样才有可能保持孩子学习的热度。

要培养孩子的学习热忱，不仅不能用奖赏作为诱饵，也不能只把目光关注在结果上。因为，金钱和物质的刺激，会让孩子把学习当成是任务，而非乐趣。过多地关心结果，也会给孩子的学习造成过大的压力，丧失了学习的意义。

所以，要让孩子一辈子保持学习的热忱，轻松的氛围、快乐的心态和良好的榜样，一个都不能少。

★ 孩子有与生俱来的求知欲，但无法持续太久。
★ 爱学习的父母可以为孩子营造良好的学习氛围。
★ 培养孩子学习的热忱要从爱好入手。

让孩子在奋斗中寻求乐趣

有一则寓言，说一个印第安人从老鹰的巢里取回了一颗蛋，带回家让母鸡孵化。不久之后，小鹰破壳而出，印第安人把它和其他小鸡一起喂养。有一天，一只老鹰从鸡群的头顶飞过，大家纷纷抬头仰望。就在这个时候，小鹰感叹地说："如果我也会飞，那该有多好啊！"一旁的老母鸡听到之后，立即告诉小鹰："你是鸡，怎么可能飞得起来呢？"其他小鸡也跟着附和，告诉小鹰："你是小鸡，别做梦了。"于是，小鹰也告诉自己："我是小鸡。"此后，小鹰至死都不曾飞翔过。

对于每个人的成长来说，"环境"的影响是不可忽视的。可是，除了外部环境的影响，内心的信念也非常重要。就像这则故事告诉我们的，"信念"决定人生。对涉世未深的孩子来说，想成为"冠军"，就一定要学会坚持，脑袋中拿掉"不可能"，改成"可能"的信念。唯有如此，才能够体会在为未来奋斗的过程中，所带来的那种无可取代的乐趣。

为未来的梦想而奋斗，这是一种积极向上的人生态度，同时也是一件充满快乐的事情。在奋斗的过程中，孩子不仅付出了努力，同时也收获着快乐，例如：当孩子通过繁复的思考，终于解答出一道数学题的时候，那种快乐是难以言喻的；为了实现定下的目标，孩子主动放弃玩耍的时间，当愿望达成的那一刻，孩子一定能够感受到无比的幸福和快乐……当孩子专注于某一个目标，就能够体会到奋斗的乐趣。

奋斗本身就包含着极大的乐趣，但凡是心存梦想、积极向上的孩子，都会乐在其中。

41. 让孩子学会倾听的好习惯

这天的数学课上，老师准备向同学们讲解数的排列。正式开始讲解之前，老师首先在黑板上写下"1"和"2"两个数字，让下面的同学们组成两位数。听到如此简单的题目，孩子们兴奋得不得了，一个个都脱口而出："12"、"21"。老师对大家的回答表示相当满意，竖起大拇指，给了大家一个"你们真棒"的手势。

接着，老师在前两个数字的后面又添了一个"3"。大概是受刚才那个问题的启发，孩子们的学习积极性空前高涨，老师刚转过身来，正准备要开口说话的时候，大家已经开始争先恐后地发表自己的意见："123"、"132"、"213"、"231"、"321"、"312"。孩子们的声音一个比一个大，脸上都挂着得意洋洋的表情。

就在这个时候，老师一字一句地说："孩子们，对不起，你们的答案都错了！"听到老师的话，刚才还气氛活跃的教室突然安静了下来，孩子们都鸦雀无声地望着老师，目光中充满了疑惑，更多的是茫然。

突然，其中一个孩子怯怯地举起小手，压低声音说："老师，我们怎么错了呢？应该是对的啊！"听到有人终于敢发表意见了，其他同学也跟着在座位上小声地说："就是啊，老师才错了呢！"尽管他们的声音低得不能再低，可老师还是听得见。

"老师只是写了三个数字，让你们做什么，你们清楚吗？"老师的话让孩子们恍然大悟。一个女孩大声地说："我们还不知道，老师让我们组几位数呢？"听到这里，孩子们不好意思地低下了头，因为没有认真聆听老师的问题，当然就犯错了。

写给家长

曾经看过这样一个故事，一个小孙子问爷爷："为什么人有两只眼睛、两只耳朵、两只手，却只有一张嘴巴呢？"爷爷告诉小孙子："这是让人要多看、多听、多做，少说话呀！"故事虽短，只寥寥数语，却形象深刻地说明了"听"的重要性。

每个人生活在世界上，难免要与人交流沟通，这是很多事情完成的前提和基础。是否善于倾听，这不仅体现出一个人的道德修养水平，更影响到他能否与其他人建立一种正常和谐的人际关系。对于孩子来说，"学会倾听"应该是一个受益一生的好习惯，可它却不是孩子与生俱来的东西，而是必须要经过长时间、多途径的培养，才能养成的。父母应时时注意培养孩子学会倾听的习惯。

从某种意义上来说，人类的成长和植物的生长，存在着异曲同工之妙，原因很简单——两者都需要不断从外界吸收养分。不同的是，植物吸收的是来自大自然的阳光、空气和水，而人的成长除了需要这些以外，还有他人撞得头破血流的成功经验和智慧。善于聆听的孩子，在考虑问题时会更加周全和成熟，进而加速自我成长的步伐。

从呱呱坠地到牙牙学语，从懵懂无知到滔滔不绝，孩子会经历一段颇为漫长的成长和学习的过程。我们常常会发现，当孩子还处于一无所知的阶段时，他们都会表现出极大的好奇心和求知欲，最喜欢问父母为什么，然后再瞪大眼睛认真地听父母的回答。可是，当孩子一天天长大，慢慢学习到一些知识之后，他们就会开始变得不那么"温顺"了。遇到问题，不管是父母提出的，还是自己遇到的，当你试图给予一些意见和建议时，总是会遭到反驳。在孩子头头是道的表述中，父母的说辞常常都显得苍白无力，最后的结果总是很容易产生矛盾，要么是父母无奈地放弃，要么是孩子不服气地妥协，很少有孩子能够采用父母的意见。

当孩子出现这些问题的时候，不要光是抱怨孩子不懂事，首先试着跟孩子沟通。告诉孩子，表达自己的意见和看法固然重要，但是倾听也不仅仅是为了给别人表达的机会，同时也是为了更好地表达自己的意见，这是对彼此的尊重，也是让彼此都很高兴的一件事情。当然，父母首先要学会做孩子忠实的倾听者，给孩子以身作则的影响。

对孩子来说，学会倾听也是一件充满乐趣的事情，因为它总是能够带给我们更多的知识。孩子对世界充满好奇，尽管很多东西无法亲眼看到，但是却可以用耳朵仔细聆听，一样可以有新的收获。最为重要的是，孩子通过倾听可以获得别人的经验和教训，可以减少人生道路上的弯路，为成功寻找一条相对的捷径。著名的社会学家、语言学家卡耐基说："一双灵巧的耳朵，胜过十张能说会道的嘴巴。"爱说话不如讲对话，父母要努力让孩子学会倾听，因为它不仅是一种尊重、一份理解，更是一种必备的生存能力，要让孩子在倾听中学会学习，进而体验更为丰富的人生！

★ 学会倾听是孩子受益一生的好习惯，更是必备的生存能力。
★ 倾听是为了能更好地表达，也是对彼此的尊重。
★ 认真的倾听可以避免走弯路。

42. 帮助孩子建立脚踏实地的想法

平平是个小学生，爸爸、妈妈一心想要让他成为全面发展的孩子，所以平常很注意对他的培养。新学期开始，学校的各种兴趣小组开始招收新同学。平平回家跟妈妈商量说，他觉得学校的兴趣小组很有趣，也可以学到很多东西，想要报名参加。见孩子懂得自己思考和选择，妈妈当然高兴得不得了，对他的决定表示支持。

由于以前都是学习乐器，所以平平想要新学一些不一样的东西。经过和爸爸、妈妈的商量，他觉得绘画小组不错，于是就报名参加了绘画兴趣小组。由于新成员没有什么基础，刚开始的课程都是老师对新组员讲解绘画的基本原理和方法，然后拿出一些静物，让大家练习画线条和简单的素描。

起初，平平还能专心致志地按照老师的要求来做。可是，时间一长，平平就觉得有些厌倦了。看着学长们拿着调色盘，在画板上涂涂抹抹，平平觉得非常羡慕。可是，一想到自己没有基础，他也只能老老实实地练习基本功了。

不过这样的情况并没有持续多久，在两个月过后，无法忍受每天只是画线条和简单素描的平平，最后还是退出了绘画兴趣小组，改加入了管乐队。管乐队的情况也并不如平平设想的那般美好，于是又转投生物小组……就这样，平平不断地更换着兴趣小组，始终无法安心地在一个兴趣小组待下来认认真真学习。最后，一个学期结束了，平平还是两手空空，什么都没有学会。

写给家长

人生就像是一场漫长的马拉松，我们在心里给自己定下一个目标，然后朝着它不断前进。尽管我们都曾不止一次在脑海里幻想，到达目标那一刻会有怎样的兴奋画面，可是也同样会经历很多次的煎熬，因为那个目标总是好遥远的样子，甚至会怀疑它是不是遥不可及。

参加马拉松长跑的运动员，会不会也在漫长的赛程中，不断去想象几十公里的漫长，是否也会在心底产生恐惧呢？大概不会吧，否则他们很有可能在中途就会放弃，又何来胜利的喜悦呢？所以，如果要让孩子踏上成功之路，就要让孩子做好长途跋涉的准备，更要学会脚踏实地地走好脚下的每一步，才能通往成功。

由于受到当下环境的影响，生活在缤纷世界的孩子最容易受到周遭环境的诱惑。就算前一秒他们还在专心学习,很可能下一秒就会被其他事物吸引,出现"身在曹营,心在汉"的现象。另外,当孩子无法坚定自己的选择时,整个人就会变得浮躁,无法全心投入学习,做任何事情都像是蜻蜓点水一般。

故事中的平平,其实只是很多孩子的一个缩影。他们内心其实有自己的想法和目标,只是很难定下心来学习。小脑袋里总是充满了幻想、烦躁不安和过多不实际的想法,使他们想得太多做得太少,所以往往到头来总是一事无成、一无所获。

父母要帮助孩子建立脚踏实地奋斗的良好习惯,首先要为孩子营造一个安静的学习氛围,防止其他事物影响孩子的注意力,使孩子的学习氛围能够杜绝干扰和诱惑,这是孩子定下心来学习的前提。当孩子无法全心投入学习时,不能任由发展,应该想办法将这份好奇心引入对问题的思考当中,这样不仅可以锻炼孩子的思维能力,同时也能拉回孩子的注意力。

当然,很多时候孩子之所以会变得浮躁,是因为目标遥不可及。所以,让孩子学会将目标具体化、阶段化,分成短期目标、中期目标、长远目标,也是教他们学会脚踏实地地奋斗的方法之一。父母应当引导孩子的选择,让孩子在制订计划时避免好高骛远,别让空泛的目标销蚀孩子的激情和信心。另外,把大目标划分为若干阶段的小目标,也很关键。当孩子通过自己的努力,实现每个阶段的小目标之后,成功的喜悦会促使他们更加慎重和坚定地走好下一步。

还有一个不容忽视的问题,就是父母在向孩子灌输"冠军意识"的时候,常常由于没有把握好限度,反而让孩子变得高傲自大,总是一心想着将来的成就,而不愿意做好眼前的"小事"。所以,要培养孩子脚踏实地的作风,也应该让孩子有"平凡人"的意识,教会孩子做好眼前的事,一步一个脚印地去奋斗。

傅雷曾经在写给儿子傅聪的家信中写下这样一句话:"要经得住外界花花绿绿的诱惑,要沉下心来,坐得住冷板凳,才能保证心灵的通道畅通无阻,才能让知识直抵内心和脑海。"这正是父母要教会孩子的成功诀窍。

> ★ 脚踏实地地走好脚下的每一步,这样才有可能通往成功。
>
> ★ 为孩子营造宁静的学习氛围,引导孩子制定科学化、具体化的目标。
>
> ★ 让孩子学会做"平凡人",从"小事"开始努力奋斗。

43. 培养孩子高尚的情操

　　正行是一个八岁的小男生,长得非常可爱,性格也十分活泼,经常带领着一大群邻居的孩子上蹿下跳,玩得不亦乐乎。

　　隔壁邻居家养了条小狗,时常躲在树底下晒太阳。有一天,妈妈正准备出门买东西,看见正行手里拿着绳子蹲在树下,后面躲着一群小朋友。只见正行三两下就把绳子绑在小狗的尾巴上了,其他小朋友立即一哄而上,受到惊吓的小狗正想奋力逃跑的时候,正行用力一拉手里的绳子,又把小狗拖了回去。就这样,小狗被反复地放走,然后又用绳子拉回来,每当小狗发出惊恐的叫声时,孩子们就会哈哈大笑。

　　这个时候,妈妈走上前,轻轻揪住正行的头发。看见妈妈站在背后,而且表情严肃,正行立即松开手里的绳子,小狗也趁机跑开了。

　　"妈妈,你干吗抓我的头发?很痛耶!"

　　"宝贝,你喜欢妈妈这样抓住你的头发吗?"

　　"当然不喜欢啊,会痛的。"

　　"对啊,既然你会痛,那你用绳子拉小狗尾巴的时候,它不会痛吗?"

　　"当然会痛啊,小狗是动物,它也有生命的。"

"那你知道妈妈为什么要抓你的头发了吧？"

"妈妈，我知道错了，以后我再也不会伤害小动物了。"

写给家长

父母对孩子的培养，不应该只局限于能力，品德的培养也是十分关键的。

在孩子的成长过程中，高尚的道德情操往往也决定着他们将来的人生。如果从字面上来看，情就是情感，操就是操守。所谓的情操，其实就是指孩子在平常的生活中，对周遭的人和事所表现出来的爱怜、憎恶等种种感情态度。当我们在衡量一个人的时候，情操往往决定着这个人的道德价值。所以，父母培养孩子高尚的情操，就是为了让孩子将来能够成为一个具有心灵美的人。

也许你会认为正行妈妈的做法有点极端，但正是那轻微的疼痛，让正行切身感受到自己的举动给小狗造成的伤害，并且立即停止了对小动物的伤害行为。试想一下，如果不是妈妈的及时制止，正行就无法认知到自己行为中不妥当的地方，虐待动物就成为一种获取快乐的途径。这对孩子的心理健康极为不利，严重时甚至还会扭曲孩子的人格。由此可见，培养孩子的情操其实更应该从生活中的小事开始做起。

杜甫在《春夜喜雨》中说："好雨知时节，当春乃发生。随风潜入夜，润物细无声。"尽管这首诗是在描述春天到来时，丝丝春意浸入的情景，可是父母在培养孩子高尚的情操时，又何尝不是如此一点一滴地渗透呢！对孩子情操的培养，不仅要抓紧孩子心智尚未完全定型的时期，及时进行，还要依靠父母在日常生活中的精心陶冶，如春风化雨，点滴滋润。

孩子的情操培养应该从小开始进行，在孩子能够阅读的时候，让他们多看一些对身体及心理有益的书籍。在孩子年龄较小的时候，也可以为他们搜罗一些科学家、文学家、音乐家、医学家、天文学家、数学家、爱国人士、英雄人物、动物小百科等故事书,尽管他们不认得字,只能翻看插图,但是父母可以在一旁辅导,利用孩子对图画的关注来灌输一些积极的思想。

要培养孩子高尚的情操,还要让孩子在心里充满感恩的情怀。无论何时,都要让孩子明白,他所享用到的一切快乐和舒适,都是父母用时间、精力换来的,应该要在心中充满感激,而不是把这一切视为理所当然。当孩子学会感恩,将来在面对各种人和事物时,才会更懂得尊重和感激他人,这不仅有利于孩子将来的人际交往,同时也有助于他在奋斗路上获得更多的支持和帮助。

许多教育家都说过:"孩子需要的是榜样,而非批评。"身为父母,利用榜样的力量帮助孩子培养高尚的情操,是关键点。父母就像孩子的一面镜子,孩子的举动很多时候是父母亲的翻版,一言一行都会受到父母的影响。所以,父母以身作则,可以为孩子创造出良好的道德环境。

很多时候,孩子不良的思想和习惯,都会在小事中出现苗头。因此,培养孩子高尚的情操,应该从日常生活的细节开始着手。当孩子能够做好大多数的细节,养成好习惯,并且能够持之以恒,这就说明父母的情操培养发生效用了。

对孩子的道德品质培养是件长期、细致的事情,贵在坚持!

★ 高尚的道德情操决定着孩子的未来。

★ 情操的培养需要依靠日常生活的点滴渗透。

★ 细节决定孩子的情操。

图书在版编目（CIP）数据

影响孩子一生的43种教养方式/钱源伟主编. —上海：上海世界图书出版公司，2015.5

（世图双美亲子系列）

ISBN 978-7-5100-9418-7

Ⅰ. ①影…　Ⅱ. ①钱…　Ⅲ. ①儿童教育－家庭教育　Ⅳ. ①G78

中国版本图书馆CIP数据核字（2015）第053682号

责任编辑　石佳达
封面设计　陆　及
插　图　彭　亮

影响孩子一生的43种教养方式

钱源伟　主编

上海世界图书出版公司出版发行
上海市广中路88号
邮政编码 200083
上海市印刷七厂有限公司印刷
如发现印装质量问题，请与印刷厂联系
（质检科电话：021-59110729）
各地新华书店经销

开本：787×960　1/16　印张：11　字数：120 000
2015年5月第1版　2015年5月第1次印刷
ISBN 978-7-5100-9418-7/G·475
定价：28.00元
http://www.wpcsh.com
http://www.wpcsh.com.cn